HEYNE <

AF648629

Das Buch

»Die meisten Gebete und Rituale, die ich Ihnen hier anvertraue, habe ich von einem guten Freund unserer Familie, von Herrn Georg Lory bekommen. Als die Zeit dafür gekommen war, schaute sich der Lory im Bekanntenkreis nach einer Nachfolgerin um, und seine Wahl fiel auf mich. Vielleicht war es auch umgekehrt, und meine Wahl fiel auf ihn, denn ich fühlte mich schon von Kindheit an zu spirituellen Dingen hingezogen.«

Seit vielen Jahren wendet Monika Herz die Heilgebete erfolgreich an, sie konnte so bereits vielen Menschen weiterhelfen. Erstmals gibt sie in diesem Buch Gebete aus ihrer persönlichen Sammlung preis, die jeder Mensch für sich und andere nutzen kann. Dabei werden alle wichtigen Themen des Lebens abgedeckt. Die Heilgebete gewähren Schutz und Stärke für das alltägliche Leben. Sie lindern Krankheiten seelischer und körperlicher Natur und sichern die Gesundheit für Körper und Geist. Der Betende nimmt im Heilungsprozess eine Vermittlerposition ein, die Heilung »geschieht«.

Die Autorin

Monika Herz, 1956 in Hohenpeißenberg geboren, ist in einer christlich-gläubigen Familie mit Gebetsheilern im Verwandten-und Bekanntenkreis aufgewachsen. Sie ist Mutter von fünf Kindern und arbeitet als Heilpraktikerin mit Schwerpunkt »Spirituelle Therapie«: Gebetsheilung, Handauflegen, Gesprächstherapie. Bekannt wurde sie als »Alpenschamanin«.

www.heilen-mit-herz.de

Monika Herz

Alte Heilgebete

Gesundheit für
Körper und Geist

WILHELM HEYNE VERLAG
MÜNCHEN

Das Reisegebet (S. 82), das Gebet, um Streit und Feindschaft zu beenden (S. 86) und das Gebet, um Schmerzen zu lindern (S. 100) stammen aus der persönlichen Sammlung der Autorin. Sie finden sich jedoch auch in dem Buch namens »Albertus Magnus – bewährte und approbierte sympathetische und natürliche Ägyptische Geheimnisse für Mensch und Vieh«, welches im Jahr 2008 sowohl vom Bohmeier Verlag als auch vom Verlag Edition geheimes Wissen neu herausgegeben wurde. Die deutsche Übersetzung des Vaterunser auf Aramäisch (S. 135) drucken wir ab mit freundlicher Genehmigung der Droemerschen Verlagsanstalt Th. Knaur Nachf. GmbH & Co. KG, München.

Der Verlag behält sich die Verwertung der urheberrechtlich geschützten Inhalte dieses Werkes für Zwecke des Text- und Data-Minings nach § 44 b UrhG ausdrücklich vor. Jegliche unbefugte Nutzung ist hiermit ausgeschlossen.

MIX
Papier | Fördert gute Waldnutzung
FSC® C014496

Penguin Random House Verlagsgruppe FSC® N001967

10. Auflage
Taschenbucherstausgabe 9/2012
Copyright © 2010 by nymphenburger in der F.A. Herbig Verlagsbuchhandlung GmbH, München
Copyright © 2012 dieser Ausgabe by Wilhelm Heyne Verlag, München,
in der Penguin Random House Verlagsgruppe GmbH,
Neumarkter Straße 28, 81673 München
produktsicherheit@penguinrandomhouse.de
(Vorstehende Angaben sind zugleich Pflichtinformationen nach GPSR)

Alle Rechte sind vorbehalten.
Umschlaggestaltung: Guter Punkt, München,
unter Verwendung von Motiven von
© Tischenko Irina / shutterstock
Herstellung: Helga Schörnig
Satz: Christine Roithner Verlagsservice, Breitenaich
Druck und Bindung: GGP Media GmbH, Pößneck
Printed in Germany

ISBN 978-3-453-70198-4

www.heyne.de

INHALT

Widmung

Dieses Buch ist sieben Generationen von Gebetsheilern und -heilerinnen gewidmet:

- der Generation der Urgroßväter und Urgroßmütter, die verfolgt wurden und unter Lebensgefahr die alten, als »heidnisch« beschimpften Gebete heimlich weitergaben;

- der Generation der Großväter und Großmütter, die die alten Gebete anwandten, aufbewahrten und weitergaben in einer Zeit, als die Frauen noch leicht im Kindbett starben und die Männer häufig tödlich verunglückten;

- der Generation der Mütter und Väter, die die alten Gebete trotz aller Segnungen der modernen Medizin in Ehren hielten, anwandten und weitergaben;

- unserer eigenen Generation, die ein neu erwachendes Interesse an der Tradition der Gebetsheilung hegt;

- der Generation der Söhne und Töchter, von denen vielleicht einige wenige das alte Wissen weiterpflegen und weitertragen wollen;

- der Generation der Enkelsöhne und Enkeltöchter und der Generation der Urenkel.

Mögen die, die nach uns kommen, eine Welt vorfinden, in der sie liebend gerne leben und auch beten wollen.

Das Buch ist außerdem all denen gewidmet,
für die sonst niemand betet.

GRUNDSÄTZLICHES

Einführung

Die Gebete in diesem Buch sind von Mund zu Ohr von traditionellen Heilern und Heilerinnen aus dem Alpengebiet weitergegeben worden. Wo die Gebete letztlich ihren Ursprung hatten, wissen wir heute nicht mehr. Die eigentliche Quelle ist gewiss der Allmächtige, das Große Geheimnis oder wie immer wir den Geist nennen wollen, aus dem alles, was ist, hervorgeht.

»Gesundbeten« war jahrhundertelang eine der wichtigsten Säulen der medizinischen Versorgung in Europa. Vergleichbare spirituelle Heilmethoden gibt es überall auf der Welt, wo sie gewöhnlich als Schamanismus bezeichnet werden. Man versteht darunter üblicherweise ein religiös-magisches Phänomen, das zuerst bei verschiedenen indigenen Völkern Sibiriens beobachtet und beschrieben wurde. In Sibirien wurden die Heiler und Heilerinnen

»Shaman« genannt, die Forscher übertrugen daraufhin das Wort auf alle ähnlichen Heilmethoden, die sie beobachteten. Bei uns in den Alpenländern heißen diese Menschen »Gesundbeter« oder »Abbeter«, womit gemeint ist, dass Krankheiten und Leiden durch Gebete gelindert oder zum Verschwinden gebracht werden. Es gibt die »Abbeter« vereinzelt noch heute, obwohl es sich leider um eine vom Aussterben bedrohte Spezies handelt.

Die meisten Gebete und Rituale, die ich Ihnen hier anvertraue, habe ich von einem guten Freund unserer Familie, von Herrn Georg Lory bekommen. »Der Lory«, so hieß er bei uns zu Hause, hatte es sich nach seiner Pensionierung zur Lebensaufgabe gemacht, nicht nur als Heiler tätig zu sein, sondern auch alte Gebete zu sammeln. Nachdem der Lory Zeit zur Verfügung hatte, suchte er etliche alte Heiler auf, die er darum bat, die Gebete mit ihm auszutauschen. Ich erinnere mich gut, wie enttäuscht er so manches Mal war, weil die Gebete geheim gehalten wurden, und einige Heiler nahmen sie wohl lieber mit ins Grab, als sie ihm anzuvertrauen. Andere wiederum teilten großzügig, nachdem sie die Motivation und Vertrauenswürdigkeit des Lory geprüft hatten. Wie alle alten Heiler, die ich kennengelernt habe, ging der Lory einem gewöhnlichen Broterwerb nach und übte die Heilkunst nebenher aus. Georg Lory verstarb am 6. Januar 1992 im Alter von 80 Jahren. Als Kind hatte ich immer gehörig Respekt vor ihm, da ihm der Ruf eines »Wunderheilers« mit einer mysteriösen Aura vorauseilte. Ich glaubte damals, er könne einzig mit der Kraft seines Willens alles nur Denkbare bewirken.

Die Abbeter und Abbeterinnen meiner Heimat haben in der Tradition die Gebete und »die Gabe«, das heißt die Bestimmung zum Heilen, weitergegeben. Üblicherweise sucht ein Abbeter zuerst im eigenen Familienkreis nach einem Nachfolger oder einer Nachfolgerin. Wenn in der Familie niemand dieses »Amt« annehmen will, bezieht man auch den Freundeskreis in die Suche ein. Die Übertragung der Kraft des Heilens wird mit Ritualen vollzogen, die der neu eingeweihte Heiler oder die Heilerin nach der Anleitung des erfahrenen Heilers allein für sich absolvieren muss.

Man muss allerdings wissen, dass es sich beim Abbeten nicht gerade um eine einfache Sache handelt. Abbeter wurden früher schon mal in der Früh um vier aus dem Bett geholt, weil etwa eine Kuh sich bei der Geburt des Kälbchens recht schwertat. Es war noch in meiner Kindheit und Jugend durchaus üblich, dass man in solchen Fällen zuerst den Abbeter um Hilfe bat, ehe man den teuren Tierarzt kommen ließ. Der Abbeter wurde – im Gegensatz zum Tierarzt – zwar nicht immer für seine Dienste bezahlt, wohl aber für jedes Unglück voll verantwortlich gemacht. Jemand sagte einmal zu mir: »Wenn der Lory helfen konnte, dann war es in den Augen der Leute Zufall oder Glück. Oft genug dankte man ihm nicht einmal dafür. Wenn seine Gebete jedoch ohne den erhofften Erfolg blieben, dann hieß es gleich, dass er als Abbeter nicht viel wert ist.«

Als die Zeit dafür gekommen war, schaute sich der Lory also im Bekanntenkreis nach einer Nachfolgerin um und seine Wahl fiel auf mich. Vielleicht war es auch umgekehrt und meine Wahl fiel auf ihn, denn ich fühlte mich schon von Kindheit an zu spirituellen Dingen hingezogen.

Der Lory nahm mich oft mit in die Bergwälder und unterwies mich in die Grundsätze der Naturreligion. Wir suchten z.B. besondere Plätze auf, an denen alte Linden oder Eichen standen. Er lehrte mich, Bäume zu meinen Freunden zu machen und

ihre Lebenskraft zu spüren. Er zeigte mir, wie man die Zeiten der Übergänge nutzt, sei es im Tageslauf oder im Jahreskreis. So standen wir manches Mal mit ausgestreckten Armen und nach vorne gerichteten Handflächen bei Sonnenuntergang für lange Zeit still auf einer Lichtung und nahmen die Kraft der Sonne in unsere Hände auf. In späteren Jahren entdeckte ich, dass diese Gebetshaltung und auch die Wahl des Zeitpunktes, der Sonnenaufgang oder der Sonnenuntergang, in anderen Kulturen ebenso verbreitet ist, zum Beispiel bei den indigenen Völkern. Mit Erstaunen sah ich die Fotografie eines Indianers, der mit Adlerfedern im Haar in genau derselben Körperhaltung der untergehenden Sonne seine Gebete darbrachte.
Da wir bei der Gebetsheilung unseren Patienten auch oft die Hände auflegen, bitten wir gleichsam darum, dass aus unseren Händen dieselbe lebenserhaltende und gesundheitsfördernde Kraft entströmen möge, wie es die Strahlen der Sonne tun, wenn sie die Erde berühren.
Die Zeiten des Übergangs gelten als Zeiten der Kraft. Dies bezieht sich sowohl auf die Übergänge vom Tag zur Nacht, von der Helligkeit zur Dunkelheit, als auch auf die Übergänge zwischen den Jahreszeiten. Bei Sonnenaufgang oder bei Sonnenuntergang entsteht eine Mischung oder auch eine Einheit zwischen den Gegensätzen von hell und dunkel oder von Tag und Nacht. Diese Vereinigung

der Gegensätze, wie sie in der Natur jeden Tag aufs Neue entsteht, ist wie ein Sinnbild für die Tätigkeit des Heilens. So wie aus dem Tag die Nacht entsteht, so kann auch aus Krankheit wieder Gesundheit entstehen. So wie nach dem Winter und der Kälte wieder der Frühling und die Wärme erwachen, so kann aus Schmerzen und Kummer wieder Unversehrtheit und Fröhlichkeit erwachsen. Dieses Bewusstsein und diese Zuversicht eignen wir uns durch die stille, ehrfürchtige Betrachtung der Abläufe in der Natur an. Von Indianern lernte ich auch, die Bedeutung des Kreises, des Medizinkreises zu verstehen und anzuwenden. Die Indianer bezeichnen den magischen Schutzkreis als Medizinkreis, weil die kraftvollen Energien darin wie eine Medizin wirken. Obwohl der Lory in seinem Leben gewiss nie einem Indianer begegnet war, so kannte er doch die Anwendung von Schutzkreisen. Der Kreis symbolisiert die Einheit und das Göttliche, daher wirken in ihm Kräfte, die alles Unheilvolle fernhalten. Um sich innerhalb eines Schutzkreises zu stellen, zieht man im Uhrzeigersinn einen Kreis um sich herum. Um den Kreis wieder aufzulösen, vollzieht man die Bewegung entgegengesetzt des Uhrzeigersinns. Er brachte mir auch bei, den Lauf des Mondes zu berücksichtigen und bei abnehmendem Mond speziell das zu behandeln, was vergehen sollte, was der Mond mit sich nehmen sollte, z. B. Warzen. Bei zunehmendem Mond betet man dagegen für Anliegen, die Wachstum voraussetzen, wie es etwa beim Wunsch nach einem Kind der Fall ist. Vor allem aber bemühte er sich darum, in mir Vertrauen in die Gebete zu erwecken. Er sagte: »Die Menschen kommen zu dir, weil sie selbst nicht beten können und weil sie kein Vertrauen haben zu Gott und zur geistigen Welt. Wenn du selber aber auch kein Vertrauen in deine Gebete hast, wie soll das dann funktionieren?« Selbstverständlich sollte ich mir jedoch unbedingt einen gesunden Menschenverstand bewahren. Einmal wandte ich sehr erfolgreich ein Anti-Schmerz-Gebet gegen meine Zahnschmerzen an. Die Schmerzen kehrten allerdings nach drei Tagen wieder zurück. »Du musst natürlich zum Zahnarzt gehen!«, schimpfte der Lory. »Das Schmerz-Gebet ist nur für den akuten Zustand und stammt aus einer Zeit, in der es keine Zahnärzte gab. Wenn man aber einen Zahnarzt gleich ums Eck hat, dann geht man natürlich dorthin!« Ich war noch sehr jung, etwa 25 Jahre, als meine Ausbildung zur Heilerin begann. Ich brauchte viele Jahre und zahlreiche Begegnungen auch mit Heilern aus anderen Kulturkreisen, ehe ich echtes und tiefes Zutrauen in die Heilkraft der Gebete fassen konnte.

Die Tradition der Heilgebete

Die Tradition der Gebetsheilung oder das »Abbeten«, wie wir es in Bayern nennen, reicht weit zurück. Die historisch älteste Quelle, die ich persönlich ausfindig machen konnte, reicht zurück in das Jahr 79 n. Chr. zum Ausbruch des Vulkans Vesuv und den Untergang der Stadt Pompeji. Bei einer »Hexen«-Ausstellung in dem malerischen Städtchen Schongau entdeckte ich zu meinem großen Erstaunen ein interessantes Exponat: ein uraltes vertrocknetes Brot, das bei Ausgrabungen in Pompeji zum Vorschein gekommen war. In das Brot war das Sator-Arepo-Orakel hineingeritzt worden, welches ich bis zu jenem Zeitpunkt nur als Schutzorakel kannte. In meiner Familie trägt dieses Schutzorakel noch heute jeder im Geldbeutel oder in einem Amulett bei sich. Wir hatten das Schutzamulett von unserem Freund, dem Lory, bekommen.

Die alten Heilgebete stammen wohl aus einer Zeit, als die medizinische Versorgung in Europa anders aussah als heute. Noch vor 55 Jahren, als meine ältere Schwester geboren wurde, musste mein Vater mit dem Fahrrad in den nächstgelegenen, etwa zehn Kilometer entfernten Ort fahren, um die Hebamme zu suchen. Telefon und Automobil waren zwar bereits erfunden, aber noch längst nicht im Besitz von jedermann. Mein Vater hatte wohl Glück, dass er die Hebamme vorfand und dass sie sogleich mitkam, um meiner Mutter bei der Geburt beizustehen. Wir dürfen nicht vergessen, dass zu jener Zeit noch viele Frauen im Kindbett starben, dass Babys an »Gelbsucht« zugrunde gingen und Kleinkinder wegen der gefürchteten »Englischen Krankheit«, der Rachitis, so schwere Wachstumsstörungen hatten, dass sie nicht selten daran starben.
Heute haben unsere Kinder andere, nicht minder schwere Probleme und wie oft stehen wir genauso hilflos vor unserem kranken Kind, das etwa mit allergischem Asthma kämpft, wie damals unsere Vorfahren vor ihren Kindern mit deren Krankheiten.
Mein Vater hat sich etwa im Jahr 1930 als kleiner Junge durch Unachtsamkeit im Umgang mit gefährlichem Werkzeug drei Finger der linken Hand abgesägt. Seine Mutter, meine Großmutter, wickelte ein sauberes Tuch um die Wunden und brachte den Buben erst am nächsten Morgen zu Fuß mit dem Leiterwagen in die Praxis des etwa 15 Kilo-

meter entfernten Arztes. Für uns Kinder war die verstümmelte Hand des Vaters immer ein Objekt gruseliger Bewunderung. Gewiss hat meine Großmutter, wir nannten sie die »Herz-Oma«, die ganze Nacht gebetet wie verrückt. Die Herz-Oma hat auch fleißig für ihren Buben gebetet, als er dann später im Krieg war. Mein Vater hat einmal erwähnt, dass er sie gespürt hat, die Gebete seiner Mutter ... und wie sich dann manchmal die Kampfhandlung gewendet hat, so dass er gerade noch heil herausgekommen ist, immer wieder ...

Eine dieser Geschichten hat sich mir besonders gut eingeprägt. Mein Vater war zusammen mit ein paar anderen Kriegskameraden in einem Heuschober versteckt, als ein Panzer der feindlichen Armee auf sie zugerollt kam und die Gruppe bedrohte. Die feindlichen Soldaten mit ihrer überlegenen Waffe hätten sie alle töten können. Aus irgendeinem Grund jedoch schoss der Panzer nicht auf sie, sondern blieb in einiger Entfernung vor dem Heustadel stehen. Mein Vater hatte gewiss große Angst, er betete und spürte die Liebe und die Kraft der Gebete seiner Mutter. Die feindlichen Soldaten stiegen nun aus dem Panzer aus und hantierten an dem Gefährt herum. Nun wiederum verschonten auch die deutschen Soldaten die Russen. Sie töteten die feindlichen Soldaten ebenfalls nicht, obwohl sie es hätten tun können. So wurden – zumindest in diesem Moment – viele Leben gerettet. Vielleicht haben ja die jungen russischen Soldaten und deren Mütter zu Hause auch gebetet … In diesen Zeiten war es sicher gut, wenn jemand ein Gebet kannte, das Blutungen zum Stillstand brachte. Man hatte buchstäblich keine bessere Methode. Als der Lory mir eines der Gebete zum Blutstillen übergab, verband er die Übertragung mit einem frommen Wunsch, von dem ich hoffe, dass er noch viele Jahrhunderte, besser noch Jahrtausende anhalten mag. Er sagte: »Ich wünsche dir, dass du dieses Gebet niemals ernsthaft brauchen wirst!« Als ich fragte, wie er das meine, erwähnte er den Krieg, an dem auch er hatte teilnehmen müssen. Er sagte: »Ich konnte damals mit dem Gebet vielen helfen …«. Aber er seufzte tief bei der Erinnerung und wollte nicht mehr dazu sagen. Natürlich sind wir heute froh über die fortschreitende Entwicklung in der medizinischen Versorgung und gewiss wollen wir nicht zurück in die alte Zeit. Dennoch darf uns all das angeblich »Machbare« in der Medizin nicht dazu verleiten, die spirituelle Dimension unseres Lebens zu vernachlässigen. Wir sind als Menschen ganz besondere Wesen. Im Gegensatz zu Tieren oder Pflanzen haben wir die Möglichkeit, tiefe Erkenntnisse in unserem Geist zu entwickeln und nach diesen Erkenntnissen zu leben. Wir können mit unserem eigenen Geist ganz bewusst an dem »Großen Geist« teilhaben, uns mit dem Mysterium, mit dem Geheimnis verbinden. Das Beten ist ein wunderbares Instrument dazu.

Aberglaube, Amulette, Zauberei und Rituale

Der Begriff des Gesundbetens wird im Volksmund für gewöhnlich mit allerlei anderen Methoden in einen Topf geworfen. Dazu gehören z.B. Aberglaube, Wahrsagekunst, Kräutermedizin, Wünschelrutengehen, Liebeszauber, Knochenrichten und das Finden verlorener Gegenstände. All dies wurde oft auch zusammen mit dem Abbeten praktiziert, allerdings nicht alles durchgängig von jedem Heiler.

Der Ausdruck »Aberglaube« wird meist abschätzig für wahnhaften Irrglauben verwendet. Für die Aufklärer symbolisierte er die Abweichung von dem, was ein vernünftiger Mensch glauben durfte. Die Vorsilbe »Aber-« bedeutete jedoch ursprünglich »darüber hinausgehend« oder »auf der anderen Seite liegend«. Aberglaube bezeichnete also eigentlich ganz im Sinne des ursprünglichen Wortes den Glauben an das Übersinnliche, an das, was hinter den Dingen ist. Das ist nun exakt der Arbeitsbereich des geistigen Heilens. Heiler und Heilerinnen, die mit Gebeten arbeiten, kombinieren diese Kunst häufig mit einer der genannten Methoden.

Für viele Menschen scheint es schwierig zu sein, an eine Wirkung zu glauben, die man nicht sehen und nicht so ohne Weiteres mit dem Verstand erfassen kann. Da hilft es oft, wenn der Betreffende etwas in die Hand nehmen kann, z. B. einen Edelstein oder ein Amulett. Es ist auch immer ein gutes Gefühl, etwas selbst tun zu können, oder sich festhalten zu können, und sei es »nur« an einem Stein. Daher helfen Rituale oder das »Zaubern« oft, wenn es darum geht, sich von letztlich geistig verursachten Beschwerden wie Angst, Sucht oder Eifersucht zu befreien, die auch in körperlichen Symptomen ihren Ausdruck finden. Einmal haben wir ein Ritual mit einem Kind durchgeführt, das wieder angefangen hatte, in die Hosen zu machen. Wir saßen an Silvester um ein Feuer herum. Jeder, der dabei war, warf einen Gegenstand in die Flammen, der ein Thema symbolisierte, von dem er sich befreien wollte. Eine Freundin warf z. B. ihre Dessous ins Feuer, ein Freund seine Zigarettenschachtel und der kleine Junge verschämt seine in Papier verpackte, verschmutzte Wäsche. Dazu baten wir die überirdischen Kräfte um Beistand und Hilfe. Der kleine

Junge war kurze Zeit darauf geheilt. War es Zauberei? Ich erinnere mich gut an das Staunen im Gesicht des kleinen Jungen, als er sich dessen bewusst wurde, dass auch wir Erwachsenen Probleme haben, mit denen wir allein einfach nicht fertig werden. Vielleicht war das Heilsame die Gemeinschaft der Hilfesuchenden, die Ehrlichkeit, mit der wir voreinander im Vertrauen unsere Schwächen bekannten, kombiniert mit der Magie der Raunächte, der archaischen Heimeligkeit des Feuers und dem aufrichtigen Wunsch, unsere Schwierigkeiten zu beseitigen.

Die schriftliche Überlieferung der Heilgebete

Die Heilgebete wurden im sogenannten »schwarzen Buch« aufgeschrieben und gesammelt. Wenn in meiner Kindheit vom »schwarzen Buch« die Rede war, so fühlte es sich für mich immer so an, als wäre das schwarze Buch etwas sehr Geheimnisvolles und Begehrenswertes, andererseits aber auch, als wäre es sogar gefährlich, ein solches Buch zu besitzen. Allzu lange ist es allerdings auch noch nicht her, dass man womöglich auf dem Scheiterhaufen landete, weil man ein solches Buch sein Eigen nannte. Dabei ist der Ausdruck »schwarzes Buch« recht banal zu deuten und hat nichts mit »schwarzer Medizin« zu tun. Wie der Lory mir erklärte, gab es nämlich zu jener Zeit im Kramerladen nur eine einzige Sorte von stabilen Schreibheften und die waren mit einem schwarzen Einband versehen.

Da unser Gedächtnis lückenhaft oder schwach sein kann, schreiben wir die Gebete in ein »schwarzes Buch«. Heute nehmen wir dafür eher eines jener besonders kunstvoll gestalteten Schreibbücher und der Begriff »schwarzes Buch« sollte vielleicht durch »goldenes Buch« oder »wertvolles Buch« ersetzt werden. Ein besonderes, schönes, ehrenwertes Buch soll es sein, ein Buch, dem man ansieht, dass es einen wahren Schatz birgt. Die Gebete selbst werden übertragen im gemeinsamen Gebet. Auch das ist ein kleines Ritual, in dem der Same des Gebets von Geist zu Geist übertragen wird.
In der Praxis sah das so aus: Der Lory und ich haben uns zusammengesetzt, er hat das Gebet vorgebetet und ich habe es in mein Buch hineingeschrieben. Langsam. Meditativ. Besinnlich. Es war eine unvergessliche Stimmung von Sammlung, Ruhe und Vertrauen im Raum. Das Gebet sucht sich seinen Weg in das Herz einer Heilerin oder eines Heilers. Dieser Platz im Herzen sollte ein ganz besonders edler Platz für einen ganz besonders edlen Gast sein.
Vom Herzen ausgehend kann das Gebet dann dem Weg in unser Gedächtnis folgen, in unseren Geist. Wir können mit dem Gebet ganz wortwörtlich spazieren gehen, es dabei auswendig lernen und es in unser Leben einladen. Wenn Sie möchten, können Sie das Gebet auch hundert Mal abschreiben und dafür ein eigenes kleines Buch verwenden. In Indien

habe ich gesehen, wie Menschen den Namen ihres Gottes »Sai Rama« in ganz enger Schrift unzählige Male in kleine Hefte geschrieben haben. Auf Nachfrage erfuhr ich, dass dies eine Übung ist, um den Geist an das Göttliche zu gewöhnen und an »Sai Rama« anzubinden. Das hundertfache – im tibetischen Buddhismus gibt es sogar das hunderttausendfache – Rezitieren und Wiederholen unterstützt uns in dem Vorhaben, das Gebet in- und auswendig zu lernen, so dass wir es nie mehr wieder vergessen. Das Gebet ist immer dann für uns da, wenn wir es brauchen. So kann ein kleines Gebet wie eine wirklich gute Freundin oder wie ein wirklich guter Freund für uns werden.

Wenn unser Gedächtnis schwach ist und wir vielleicht in unserer jetzigen Lebenssituation eine solche Leistung nicht oder nicht mehr vollbringen können, so sollten wir mit uns selbst geduldig sein und nicht zu streng. Meiner Meinung nach besitzen die alten Heilgebete eine ihnen innewohnende eigene Intelligenz. Das Gebet wird bei Ihnen bleiben, vielleicht sogar still und ohne Worte, wenn Ihre Motivation stimmt. Das wichtigste und bedeutendste Gebet, das Hauptgebet, ist ohnehin so einfach, dass es sich wie von selbst einprägt.

Die Berufung zum Heilen

Eine elementare Voraussetzung, um heilen zu können, ist die Bestimmung, die Begabung. Mit anderen Worten: die Berufung. Heiler und Heilerinnen kommen mit der Gabe auf die Welt, die Grenzüberschreitung zur geistigen Welt besonders leicht vollziehen zu können. Manche von ihnen haben schon in ihrer frühen Jugend mystische Erfahrungen gemacht wie das Sehen von Lichterscheinungen oder das Hören von überirdischen Gesängen. Eine Seminarteilnehmerin erzählte einmal, sie habe als Kind den Priester in der Kirche immer in einem Strahlenkranz aus Licht gesehen und hätte damals gemeint, das wäre selbstverständlich, schließlich handelte es sich ja um einen Priester. Erst als der Priester versetzt wurde und ein neuer Priester – ohne Strahlenkranz – auftauchte, bemerkte sie die Besonderheit ihrer Wahrnehmung. In unserer materialistisch ausgerichteten Welt kann es geschehen, dass solche eigentlich begnadeten Personen in der Psychiatrie landen, denn das Sehen oder Hören von Dingen, die nicht von dieser Welt sind, gilt als schwerwiegende Funktionsstörung. In traditionellen indigenen Gesellschaften werden diese jungen Menschen dagegen besonders behütet und gefördert, weil die alte Kultur noch gepflegt wird. Dort beobachten die Alten des Stammes die Kinder und Jugendlichen und können eine solche Berufung sehen. Der junge Mensch wird in die Spur gelenkt, die seiner Berufung entspricht, und dann vom alten Medizinmann oder der Medizinfrau des Stammes ausgebildet. Auf einer meiner Reisen lernte ich im Indianerreservat in Süddakota einen Heiler kennen, der sagte: »Man wird bereits als Heiler geboren! Die Berufung und Ausbildung durch einen Ältesten ist lediglich die folgerichtige Konsequenz davon, dass man bereits als Heiler auf die Welt gekommen ist!«

Ich denke, dass die Fähigkeit zum Heilen mit Gebeten sowohl angeboren als auch das Resultat der eigenen geistigen Entwicklung ist. Interessant ist in diesem Zusammenhang sicher, dass für die Berechtigung zum Heilen in jener alten Zeit kein Numerus clausus nötig war, keine guten Noten in Mathematik, Physik oder Englisch, sondern zunächst einmal der »Ruf«, die Berufung. Wir können es auch Schicksal nennen, das Wort erinnert in seinem Sinngehalt an »geschickte Seele«.

Doch können wir uns selbstverständlich auch dann zur Gebetsheilung hingezogen fühlen, wenn wir bisher keine außergewöhnlichen, übersinnlichen Erfahrungen gemacht haben. Ich glaube, dass wir nicht nur dieses eine Leben zur Verfügung haben, um unsere menschlichen Qualitäten immer mehr zu entfalten und zu entwickeln.

Wenn wir den inneren Ruf verspüren, uns selbst und anderen mit Gebeten und der Kraft geistiger Ströme zu helfen, dann sollten wir anfangen, uns damit zu beschäftigen.

Ob ein Gebet Wirkung erzielt oder nicht, ist zunächst einmal gar nicht so einfach zu unterscheiden. Gebete, die mit der Motivation gesprochen werden, einem anderen Menschen oder einem Tier nützlich zu sein, können niemals Schaden anrichten, sondern können nach den Gesetzen von Ursache und Wirkung nicht anders, als in irgendeiner Art und Weise eine positive Wirkung zu erzielen. In welcher Form und zu welchem Zeitpunkt diese positive Wirkung zum Tragen kommt, kann sich in so manchem Fall unserer Beobachtung entziehen.

Wenn wir Gebetsheilung praktizieren, werden wir nicht umhinkommen, gleichzeitig auch Geduld und Ausdauer zu üben. Wenn man also das Gefühl hat, die Gebete würden nicht wirken, so ist das Beste, was man tun kann, weiter zu üben und weiter zu beten. Die alten Heilgebete, die ich Ihnen aus der Sammlung des Georg Lory anvertraue, mögen Sie auf Ihrem Weg begleiten.

Wie die Gebetsheilung funktioniert

Zuerst einmal möchte ich betonen, dass Abbeter keine Heiligen sind. Einer der Abbeter in unserem familiären Umfeld war kein berühmter Heiler, zu dem die Menschen in Scharen strömten, sondern ein einfacher »Mann des Gebetes«. Er arbeitete als Bauer die meiste Zeit draußen in der Natur. Sein gesunder Menschenverstand rührte wohl vor allem daher: von der vielen frischen Luft, von seiner Beziehung zu seinen Tieren und zu seinem Boden, vom immer wiederkehrenden Rhythmus des Werdens und Vergehens. So manches Mal, wenn die Familie zusammenkam und über die Politik oder über das Schicksal eines Menschen diskutierte, erstaunte er mich aufgrund seiner sachlichen und oft erfrischend humorvollen Gedankengänge. Er stellte sich nie selbst als »Abbeter« oder »Gesundbeter« in den Mittelpunkt. Wenn er von jemandem hörte, der Hilfe brauchen konnte, dann betete er eben. »Beten kann ich überall und jederzeit!«, sagte er. »Beten kann ich auch beim Mistauflegen oder beim Melken!«

Weder der Lory noch die anderen Abbeter, die ich kannte, waren »Heilige« in dem Sinn, wie man sich etwa katholische Heilige vorstellen mag: makellos, ohne Fehler, immer fromm, immer gut. Diese Art von Heiligkeit konnte ich bei den traditionellen Heilern und Heilerinnen und leider auch bei mir selbst nicht entdecken. Das ist ein großer Trost, finde ich. Die großen Vorbilder sind für uns doch sehr weit weg und scheinen unerreichbar. Wir können uns kaum vorstellen, dass wir auch einmal fähig sein könnten, die Tugenden eines Franz von Assisi zu entwickeln. Er sprach mit Wölfen und brachte die Einwohner einer ganzen Stadt dazu, die Wölfe nicht mehr zu verfolgen, sondern sie stattdessen zu füttern! Ganz zu schweigen davon, den Charakter einer Elisabeth von Thüringen zu entfalten, die einen Pestkranken zum Pflegen in ihr eigenes Bett gelegt haben soll, sehr zum Befremden ihres Ehemannes übrigens. Die Abbeter empfinden sich selbst als ganz gewöhnliche, sogenannte »kleine Leute«. Allenfalls werden sie von den anderen gerne als etwas Besonderes angesehen. Diese Art von »Ruhm« ist jedoch wirklich eher eine Plage. Die Blicke der Menschen ruhen dann mit äußerster Skepsis auf uns und wir dürfen uns nicht den geringsten Fehltritt erlauben. Ich rauche zum Beispiel gelegentlich eine Zigarette, bin also Gelegenheitsraucherin. Als ich einmal von einer Seminarteilnehmerin bei diesem Sakrileg »erwischt« wurde, konnte ich direkt von ihrem Gesicht ablesen, dass ich nun ihr Vertrauen verloren hatte. Das ist zwar irgendwie verständlich, aber es ist doch auch sehr schade! »Das passt nicht«, sagte die Frau. Natürlich sollte eine Heilerin ein gutes Beispiel sein und nicht rauchen, nicht einmal gelegentlich. Aber das makellose Dasein ist mehr als schwierig! Manchmal wird eine Abbeterin oder ein Abbeter auch für Unheil und Unglück verantwortlich gemacht. Das ist besonders schlimm und traurig für uns. In solchen Fällen wird unsere Fähigkeit, Mitgefühl sogar mit denjenigen zu empfinden, die uns schaden oder verleumden, besonders gefordert.

Aus diesem Blickwinkel ist es von großer Bedeutung, immer und immer wieder zu betonen, dass nicht wir es sind, die Heilung bewirken, sondern dass es das »Große Geheimnis« ist, das Göttliche selbst, das durch uns hindurchwirkt. Eine Heilung ist im besten Fall ein gelungenes Zusammenspiel zwischen einem Empfangenden, einem Vermittler (also uns selbst) und der spirituellen, geistigen Kraft. Manchmal wird diese Art zu heilen auch »Sympathieheilung« genannt, was wiederum im Wortsinn nichts anderes heißt als »mitempfinden, mitleiden«.

Der zu Heilende muss nicht unbedingt gläubig sein. Es gibt Menschen, die nach außen sehr reserviert wirken, in ihrem Inneren jedoch voller Hingabe und Zutrauen sind, das aber niemandem zeigen. Auf der anderen Seite gibt es religiöse Menschen, die sehr von Zweifeln geplagt werden und deshalb nicht an die Heilkraft der Gebete glauben können. Wenn ich versuche zu beschreiben, was bei der Gebetsheilung geschieht, dann stoße ich schnell an die Grenzen dessen, wofür wir Worte haben. Es ist offener Raum, aus dem heraus Heilung eintreten kann. Ob die Heilung sich vollzieht, liegt weder allein am Heiler oder an der Heilerin noch allein an dem, der um die Heilung bittet. Oft wird ja behauptet, wenn jemandem keine Heilung widerfährt, dann liege es an dem Betroffenen selbst, weil er die Heilenergie nicht annehmen kann oder will. Ich stehe dieser Aussage skeptisch gegenüber, denn sie kann einen Menschen noch tiefer deprimieren, als er es vielleicht ohnehin schon ist. Ich glaube, Spontanheilungen entstehen aus dem offenen Raum heraus. Dieser offene Raum ist unbegrenztes Potenzial. Offene Weite, nichts Festgelegtes. Niemand von uns kann mit Sicherheit sagen, was im nächsten Moment geschehen wird. Aus diesem offenen Raum heraus kann – nicht muss – von einer Sekunde auf die nächste auch so etwas Unvorstellbares wie eine Spontanheilung passieren. Unsere Aufgabe als Heiler oder Heilerin besteht darin, unseren

eigenen Geist stets auf diese Offenheit auszurichten. Meine Beobachtung ist, dass die Entwicklung zum Heilsamen oft einen längeren Zeitraum in Anspruch nimmt. Manchmal braucht es ein halbes Jahr, bis Warzen dann plötzlich verschwinden. Manchmal braucht es fünf Jahre, bis jemand eine Suchterkrankung überwinden kann. Manchmal bedarf es auch einer weiteren, zusätzlichen Heilmethode. Am besten ist vielleicht, man redet nicht allzu viel darüber, durch wen oder wie denn nun letztlich die Heilung bewirkt wurde. »Wer redet, weiß nicht. Wer weiß, redet nicht!«, sagte schon der chinesische Weise Lao Tse vor 2500 Jahren. Für uns sollte es genügen, wenn wir sehen, dass eine Krankheit oder ein Leiden sich bessert. Allein dadurch, dass wir dieser Wendung zum Besseren unsere volle Aufmerksamkeit schenken, können wir schon entscheidend dazu beitragen, dass die Wendung auch tatsächlich eintritt. Wir »schauen« sozusagen das Gesunde in die betreffende Person hinein und dadurch wird tatsächlich der Same gelegt für die Heilung.
Ich wurde bereits des Öfteren gefragt, warum ich die Gebetsheilung praktiziere. Die Antwort ist eigentlich denkbar einfach: natürlich, weil ich gerne helfen möchte. Das Mitgefühl mit dem Leiden der Menschen oder auch der Tiere ist der Grund dafür. Als ich begann, die Religionen der Welt zu studieren, habe ich das Mitgefühl als die Kraft kennen-

gelernt, ohne die wir als Menschen wohl schon längst verloren gegangen wären. Für die Buddhisten ist das universelle Erbarmen das höchste der Gefühle, zu denen der Mensch überhaupt fähig ist. Auch für die Schamanen indigener Völker ist das Mitgefühl die tragende Kraft und die Muslime nennen Allah den »All-Erbarmer«. Mitgefühl ist wie eine Sonne mit Millionen Strahlen, die die ganze Welt erleuchtet und es ist wie ein Same, der in jedem Herzen ausgesät ist. Wenn wir für andere beten, beginnt dieser Same ganz gewiss zu wachsen. Bevor wir jedoch »richtige« Heiler und Heilerinnen werden können, die wirklich in der Lage sind, wenigstens ein bisschen hilfreich in der Welt tätig zu sein, sollten wir uns erst einmal selbst auf die richtige Spur bringen. Der fromme Wunsch allein reicht noch nicht aus. Die Heiler und Heilerinnen, die ich kannte, waren selbst oft sehr von Leid geprüft. Vielleicht ist das eine besondere Art der Schulung. Wer das Leid aus eigener Erfahrung kennt, ist eher zum Mitempfinden mit dem Anderen, mit dem Fremden bereit und in der Lage. Oft ist es auch so, dass gerade auf dem Gebiet, wo man selbst das Leid am besten kennt, auch die Heilkraft am stärksten ausgeprägt ist. In dem Zusammenhang fällt mir mein Großvater ein. Er hat oft, wenn wir zusammen auf der Sonnenbank vor dem Bauernhof saßen, den alten Goethe zitiert, den er sehr verehrte:

Alles geben die Götter, die Unendlichen,
ihren Lieblingen ganz,
alle Freuden, die unendlichen,
alle Schmerzen, die unendlichen, ganz.

Wenn wir dem Wunsch, dem Leiden auf der Welt abhelfen zu wollen, entsprechend handeln möchten, müssen wir einen weitreichenden Entschluss folgen lassen. Wir wollen, nein, wir müssen wirklich etwas tun! Zuerst werden wir uns fragen, ob wir überhaupt die Fähigkeit haben, etwas gegen das Leid auszurichten. Wenn wir sehen, dass wir diese Fähigkeiten bisher nicht haben, werden wir sie uns aneignen wollen. In unserem Fall werden wir anfangen zu beten. In diesem Tun, im Beten selbst, werden wir immer mehr Fähigkeiten entwickeln, um mithelfen zu können, Leiden zu beseitigen und dem Glück den Weg zu bereiten.

WIE MAN BETET

Der richtige Ort zum Beten

Vor Jahren hörte ich einmal von einem Yogalehrer, dass das Wort beten auch etwas mit »sich betten« zu tun haben könnte. Sich betten bedeutet, sich wohl, sicher, ungestört und beschützt zu fühlen. Das ist der geeignete Zustand für unseren Geist, um mit dem Beten zu beginnen. Wenn wir uns einen Ort wählen und herrichten, der diesen Voraussetzungen im Äußeren genügt, dann wird es für uns leichter, unseren inneren Raum zu finden und uns darin einzurichten. Das Wichtigste ist, dass wir uns beim Beten wohlfühlen. Sonst werden wir keine Freude am Gebet entwickeln können und es bald wieder aufgeben.

Der richtige Ort für das Gebet sieht sicher für jeden ein bisschen anders aus. Manche von uns haben die Möglichkeit, ein eigenes Zimmer wie einen kleinen Tempel auszustatten. Das kann natürlich sehr inspirierend für unser Gebet sein. Für viele wird es möglich sein, sich in einem ruhigen Teil der Wohnung einen kleinen Altar einzurichten und davor einen Stuhl zu stellen oder ein Sitzkissen zu legen. Den Altar mit Blumen zu schmücken, kann eine besondere Freude sein und eine tägliche kleine Übung dazu. Beim Beten geht es in erster Linie darum, die Beziehung von Herz zu Geist, von Herz zu Gott zu entwickeln. Wenn wir die Beziehung zu Gott in der Form einer göttlichen Persönlichkeit aufbauen und stärken wollen, dann ist es sinnvoll, auf den Altar eine Statue oder ein Bild von Jesus oder von Maria zu platzieren. Selbstverständlich kann es sich auch um eine andere göttliche Persönlichkeit handeln, etwa um Buddha. Es kommt darauf an, welches Bild, welche religiöse Person in uns das größte Vertrauen hervorruft. Der Gottheit Gaben darzubringen, ist ein Brauch, den alle Religionen kennen. Wir gehen dabei davon aus, dass alles, was uns selbst und unsere Sinne erfreut, auch die Gottheit erfreut: der Anblick von Blumen, das sanfte Licht einer Kerze, der Wohlgeruch von Räucherstäbchen oder Duftessenzen, der Klang einer Tonschale zur Eröffnung und zum Abschluss des Gebets. Das Geben ist auch eine Schulung des Geistes zur Großzügigkeit. Bei jedem Teelicht, das wir entzünden, nachzurechnen, was das schon wieder gekostet hat, könnte eine verkehrte Einstellung sein.

In Indien gibt es den Brauch, der Gottheit Süßigkeiten zu bringen. Die Pralinen werden in einer schönen Schale auf den Altar gelegt. Die Inderinnen legen die Süßigkeiten natürlich nicht einfach so auf den Altar, sondern verbeugen sich zuvor in der ihnen eigenen wundervollen Anmut. Die Gottheit freut sich dann sehr über die Gabe und diese Freude geht als Segen auf die Süßigkeiten über. Sobald neue Gaben dargebracht werden, dürfen die zuvor gesegneten Köstlichkeiten von der Familie gegessen werden. Dieses »prashad« wird mit Andacht, mit Respekt und Achtsamkeit im Bewusstsein des innewohnenden Segens zu sich genommen. Der Brauch birgt meiner Meinung nach gleich mehrere Vorteile: Die Gottheit wird geehrt und erfreut, man lernt, die eigene Gier zu beherrschen, weil man warten muss, und man lernt zusätzlich, Achtsamkeit in eine alltägliche Handlung wie Essen zu legen. Ein ähnlicher Brauch ist bei uns die Speisenweihe und das Segnen von Ostereiern und Kuchen in Form vom Osterlamm.

Wenn wir das Göttliche oder das »Große Geheimnis«, wie die Indianer sagen, jedoch nicht als Persönlichkeit, sondern eher als etwas Abstraktes verstehen, dann können wir als Symbol für das Abstraktum auch einfach eine Kerze anzünden. So können wir unseren Geist durch eine kleine symbolische Handlung in einen vom Alltag abgehobenen Zustand versetzen.

Der richtige Ort kann allerdings auch ein Platz in der freien Natur sein, unter einem Baum, an einem Fluss oder am Ufer des Sees. Für manche von uns kann auch der tägliche Spaziergang der geeignete Raum sein, um sich dem Gebet zu widmen.

Als ich damit begonnen habe, regelmäßig zu meditieren und zu beten, lebten wir mit unseren Kindern in einer 3-Zimmer-Wohnung, denn niemand wollte uns eine größere Wohnung vermieten. Zwei Babys schliefen bei uns im Schlafzimmer, die beiden älteren Kinder im winzig kleinen Kinderzimmer. Das fünfte Kind war unterwegs und ich war oft verzweifelt, weil es nirgendwo einen Ort der Ruhe gab. Ich konnte nicht einmal ein Eck finden, in dem ich einen winzigen Altar hätte aufbauen können. Alles war mit Betten, Schränken und Wickelkommoden belegt. Einzig das Fensterbrett blieb übrig, darauf waren eine Kerze und ein Bild arrangiert sowie ein paar Edelsteine und Blütenblätter. So setzte ich mich nachts, wenn die Kinder schliefen, einfach auf den Boden, neben die Betten der Kinder, holte die Kerze und das Bild vom Fensterbrett und stellte es vor mich hin. Anfangs war ich oft noch traurig und auch ein wenig neidisch auf die »anderen«, die für ihre tägliche Praxis schöne Altäre gestalten konnten. Dann aber begann ich, in meiner Vorstellung Räume zu kreieren. In meinem Geist hatte ich schließlich alle Möglichkeiten. Ich errichtete wunderschöne Paläste in meiner Fantasie. Jesus war dort lebendig anwesend, zusammen mit zahlreichen Heiligen und Gottheiten aller Religionen. Heute würde ich sagen, die Tatsache, dass wir so arm waren und so wenig Platz hatten, hat mir erst die Möglichkeit eröffnet, einen sagenhaften inneren Reichtum zu entwickeln. Diese Art von Reichtum ist viel dauerhafter als jeder materielle Schatz. Solange ich lebe, kann er nicht gestohlen werden, nicht verloren gehen, nicht verbrennen oder sonst wie vergehen. Vielleicht bleibt sogar ein Eindruck davon bis ins nächste Leben erhalten. Auch beobachtete ich nach einiger Zeit, dass es ein besonderer Segen war, direkt neben den schlafenden Kindern zu beten und zu meditieren. Die Anwesenheit der Kinder hielt meinen Geist immer ein Stück weit wach, weil sie mich gebraucht hätten, falls sie aufgewacht wären. Heute habe ich immer wieder einmal Schwierigkeiten, bei der Meditation nicht einzuschlafen, geistig nicht zu sehr zu versinken, nicht in eine gewisse Dumpfheit zu verfallen. Die schwierigen Umstände von damals waren also eigentlich eine große Hilfe und ein großer Segen, auch wenn es mir damals gewiss nicht leichtgefallen ist, das zu erkennen und zu würdigen.

Die innere Haltung beim Gebet

Beten ist eine Kunst, obwohl es sehr einfach erscheint. Damit unser Gebet die volle Wirksamkeit entfalten kann, braucht es nicht nur unsere Bereitschaft, unsere Konzentration und die Worte des Gebetes, sondern auch das Entgegenkommen Gottes. Wenn Indianer von Gott sprechen, sagen sie »Great Spirit« – großer, allumfassender Geist. Wenn wir diesem Geist oder Gott im Gebet begegnen möchten, sollten wir immer und immer wieder darüber nachdenken, was das eigentlich für ein Geist ist. Die Mystiker sagen sogar, alles, was wir wahrnehmen können, IST die Erscheinung Gottes in der Materie selbst. So etwas ist leicht dahingesagt oder dahingeschrieben. Wenn wir eine solche Aussage jedoch wirklich verinnerlichen wollen, werden wir unseren eigenen kleinen Geist immer wieder mit der Frage nach der Gegenwart Gottes beschäftigen müssen. Dann werden wir allmählich immer tiefer in das Geheimnis eindringen und vielleicht eines Tages in ständigem, bewusstem Kontakt sein. So wie ein Künstler oder eine Künstlerin lange Zeit üben muss, bevor er oder sie das Instrument perfekt beherrscht, so braucht auch die Kunst des Betens ein wenig Übung. Obwohl natürlich jedes Gebet heilsam ist und gerade auch die Gebete von Menschen, die sonst nicht beten, die geistigen Kräfte besonders erfreuen dürften, sollten wir versuchen, unsere Beziehung zum Gebet zu einer echten Liebesbeziehung zu machen. Es kann eine Liebe daraus werden, die durch nichts und niemanden zu zerstören ist.

Ich erinnere mich gut an den Moment, als mir vor etwa 25 Jahren mein damaliger Ehemann zu verstehen gab, dass er sich unsterblich in eine andere Frau verliebt hatte. Ich glaube, es tat ihm selbst leid, dass es so gekommen war, und er wusste nicht, wie er mit seinen überwältigenden Gefühlen für diese andere Frau umgehen sollte. Für mich war es allerdings eine Nachricht, die mein ganzes Wesen vollständig erschütterte und wie tausend Hammerschläge in meinem Kopf dröhnte. In meiner Verzweiflung rannte ich den Berg hinauf, wo zufällig gerade oben in der Wallfahrtskirche eine Maiandacht gefeiert wurde. Beim Singen der Marienlieder bemerkte ich, wie Frieden und Vertrauen für eine Weile in mein Herz zurückkehrten. Es war wie Medizin, wie ein Schmerzmittel und ein großer Trost.

Ich nahm die Gewissheit aus dieser Maiandacht mit, dass es etwas gibt, das mich nie verlassen wird, und dass eine unverbrüchliche Liebe existiert, in der ich für immer und ewig (also ganz romantisch!) so geliebt werde, wie ich bin, mit all meinen Fehlern und Verwirrungen.

Der heilige Bruder Konrad war ein schlichter Bauernsohn und Mönch, der vor über 150 Jahren als Kapuzinermönch an der Klosterpforte von Altötting seinen Dienst versah und als Heiler berühmt wurde. Er soll einmal auf die Frage, wie er denn bete, geantwortet haben: »Ich bete nicht! Ich halte einfach mein Herz in die Liebe Gottes hinein!« Seine Art zu beten war gewiss die höchste Kunst, formvollendet und dabei ohne Form. Wortlos. Direkt von Herz zu Geist.

Den Geist des Herzens erwecken und präsent halten, das ist die eigentliche Kunst. So zu beten, wird auch uns sicherlich immer wieder zunächst für kurze Zeit spontan gelingen. Damit wir diesen Zustand jedoch aufrechterhalten können, damit wir ihn jederzeit hervorrufen können, wird ein wenig Übung und Gewöhnung vonnöten sein.

Bisher habe ich eher die geistige Einstellung beim Gebet beschrieben. Sie ist natürlich vorrangig, denn erst durch unsere Einstellung wird eine beliebige Kombination von Worten wirklich zum Gebet. Die körperliche Haltung ist meines Erachtens zweitrangig. Die Wirbelsäule sollte aufrecht gehalten werden, denn im Liegen schläft man meistens ein. Bei uns betet man für gewöhnlich meistens mit gefalteten Händen. Bei einer Ausstellung einer befreundeten Künstlerin habe ich vor Jahren ungefähr zwanzig verschiedene Darstellungen von Händen in den unterschiedlichsten Gebetshaltungen gesehen. Das war ein wunderschöner Anblick und sehr eindrucksvoll! Wenn Sie also beim Gebet gerne die Arme weit offen zum Himmel strecken möchten oder aber die Hände wie zu einer Schale geformt ineinanderlegen wollen, dann tun Sie es!

Die richtige Konzentration

Wenn wir beten und damit Heilen bewirken wollen, so ist das in erster Linie eine geistige Angelegenheit. Es ist nicht eine Sache der äußeren Umstände. Es geht nicht darum, eindrucksvolle Statuen aufzustellen, geheimnisvolle Gesten und Rituale durchzuführen oder unverständliche Worte zu murmeln.

Es geht darum, Vertrauen in die Liebe und Güte des Geistes zu entwickeln und darauf zu bauen. Zuerst entwickeln wir für uns selbst dieses Vertrauen und diese Zufluchtnahme. Wenn das Vertrauen wirklich tief und gründlich verankert ist, wird es sich ganz natürlich auch auf andere übertragen. Wenn wir uns mit der Frage beschäftigen, was Gott oder der Geist eigentlich ist, werden wir die Antwort wahrscheinlich nicht in wenigen Tagen erfahren, sondern uns unser ganzes Leben lang immer wieder von Neuem damit befassen müssen. Selbst von den vollständig erleuchteten Wesen im Buddhismus und von den großen Heiligen im Christentum heißt es, dass sie sich in jedem Augenblick der Gegenwart Gottes erneut bewusst geworden sind.

Auch der heilige Bruder Konrad wird diese Kunst nach und nach entwickelt haben. Wenn wir also das Gebet als geistige Übung betrachten, so geht es darum, im Geist eine Vorstellung von Gott oder von Jesus oder von Maria zu entwickeln. Ein Bild oder eine Statue kann uns dabei unterstützen. Die eigentliche Zuwendung jedoch geschieht innerlich im Geist, nicht durch die äußerliche Aufmachung an einem Altar und auch nicht durch das gewöhnliche Anschauen von Statuen. Einzig und allein im eigenen Geist wird die Beziehung gestaltet, dort wird das Vertrauen geweckt und dort macht sich das Heilsame nach und nach breit und kann dann auf andere Wesen ausstrahlen.

Wenn wir ein Heilgebet erlernen, so werden wir wahrscheinlich zuerst für uns selbst beten oder für unsere nächsten Angehörigen. So schön und kostbar unser menschliches Leben auch ist, es bietet uns doch auch ständig etwas an, woran wir leiden können. Selbst wenn wir hier – in unserer Gegend historisch einmalig – seit 60 Jahren von Krieg verschont geblieben sind, obwohl die meisten von uns einigermaßen vor Hunger und Kälte geschützt sind und alles in allem unsere Existenz relativ sicher ist, so sind wir doch vor Krankheit nicht gefeit. Wir erleben Unglück und Trennungen in Partnerschaften, wir sind arbeitslos oder in unserem Beruf über- oder unterfordert. Manchmal existieren auch Nachbarn, die uns ärgern, oder Freunde, die uns enttäuschen. Meistens gibt es irgendetwas, das nicht passt.

Mit unserem Gebet können wir dieses Leid lindern. Gebete tragen sogar das Potenzial in sich, dass wir in unserem eigenen Geist immer freier, gelassener, und zuversichtlicher werden in dem Glauben, dass alles, was auch geschieht, gut ist. Das klingt vielleicht unwahrscheinlich und gewagt, aber ich möchte aus meiner eigenen Erfahrung heraus behaupten, dass es die Wahrheit ist, obwohl ich selbst den Zustand der völligen Gelassenheit noch lange nicht erreicht habe. Ich konnte jedoch in den 20 oder 30 Jahren, seitdem ich mehr oder weniger regelmäßig bete und meditiere, eine ganz deutliche, positive Wende in meinem Leben erkennen. Und ich sehe diese Wende hin zum Besseren auch bei den Menschen, für die ich bete. Manchmal geht das sehr schnell, manchmal braucht es Jahre.

Damit unsere Gebete Kraft entfalten, müssen wir uns allerdings konzentrieren. Wenn wir uns den Geist wie einen Strom vorstellen, dann kann es schon von Bedeutung sein, wie tief und wie lang anhaltend unsere Konzentration im Gebet ist. Konzentration bedeutet: ausgerichtet sein. Es bedeutet, die eigenen Gedanken auf etwas richten und davon nicht abweichen. Wir erzeugen also zunächst das Bild, die Vision von Jesus oder einer anderen Gottheit oder die Vorstellung des geistigen Stromes. Dann sprechen wir das Gebet in Gedanken oder auch laut. Zu Beginn werden wir vielleicht nur wenige Sekunden in der Lage sein, uns zu konzentrieren. Andere Gedanken werden sich uns aufdrängen, Gedanken des Alltags, des Ärgers oder was auch immer. Wenn wir uns jedoch nicht entmutigen lassen, sondern weiter praktizieren und üben, werden sich unsere Kraft und unsere Fähigkeit der Begegnung mit den höheren Kräften immer mehr verbessern.

Anleitung zum Gebet

»Die Naturwissenschaft braucht der Mensch zum Erkennen, die Religion aber braucht er zum Handeln.«
MAX PLANCK

In meinen Seminaren gebe ich mittels Ritualen die Kunst und Kraft der Gebetsheilung an geeignete, interessierte Menschen weiter. Mithilfe von Ritualen werden bisher unerschlossene Potenziale aus dem Unbewussten aktiviert. Die Zuversicht, dass wir unser Ziel, heilsam tätig zu sein, auch wirklich erreichen können, wird in diesen Ritualen auf einer sehr tiefen seelischen Ebene massiv gestärkt. In solchen Ritualen wird ein Regelkreis in Gang gesetzt, in dem sich Einstellung, Motivation und Handlungen gegenseitig immer mehr positiv beeinflussen.

Die Gebete sind frei und sollen meiner Meinung nach keiner Geheimhaltung unterliegen. Die Wirksamkeit der Gebete wird jedoch gemäß alter Tradition und nach meiner eigenen Erfahrung mit dem Durchleben der dazugehörigen Einweihungsrituale stark gesteigert.

Doch auch wenn Sie vielleicht nicht sofort die Möglichkeit haben, die Rituale kennenzulernen und auszuüben, möchte ich Sie einladen, die alten Heilgebete zu betrachten, zu lernen und auch anzuwenden. Die eigentliche und tiefe Bedeutung kann jedoch sicher nicht durch oberflächliches Lesen erfasst werden.

Die Gebete, die ich Ihnen im Buch vorstelle, haben in der Regel einen christlichen Hintergrund. Beten Sie in der für Sie angenehmen Haltung auf einem Stuhl oder Meditationskissen sitzend an einem ruhigen, besinnlichen Ort. Nehmen Sie sich Zeit. Hängen Sie das Telefon aus. Sorgen Sie dafür, dass Sie nicht gestört werden. Beginnen Sie mit einer Geste der Zuwendung zum Göttlichen, zum Beispiel mit einer Verbeugung oder einem Kreuzzeichen. Wiederholen Sie das Gebet mindestens drei Mal. Noch besser ist folgende Alternative: Sie sprechen das Gebet innerlich oder leise murmelnd drei Mal, danach machen Sie ein Kreuzzeichen. Beides wiederholen Sie anschließend noch zwei Mal. Sie haben das Gebet dann insgesamt neun Mal gesprochen und drei Kreuzzeichen gemacht. Häufig ist

auch noch ein »Vaterunser« zum Abschluss vorgesehen.
Wenn Sie für eine andere Person beten, nennen Sie zu Beginn den Namen der Person und stellen Sie sich die Person in Ihrem Geist vor. Ein Foto der Person, zwischen die gefalteten Hände gelegt, kann auch hilfreich sein, wenn es uns schwerfällt, die Vorstellung aufrechtzuerhalten.
Bei manchen Heilgebeten wird gefordert, dass wir über die Wunde oder über die schmerzende Stelle blasen. In diesem Fall versuchen wir, uns daran zu erinnern, dass Gott oder der Heilige Geist selbst direkt im Atem anwesend ist und durch uns hindurchweht.

Für andere beten

Sobald wir einige Übung und Sicherheit im Beten erlangt haben, werden wir Erfolge sehen. Es gelingt uns dann, Freude in der Beziehung zu den spirituellen Kräften zu empfinden, wir werden ganz natürlich den Wunsch entwickeln, für unsere Angehörigen oder ganz allgemein für andere Menschen zu beten. Wunderbar!

Wenn wir darum gebeten werden, für andere zu beten, dann tun wir es natürlich. Wenn wir nicht darum gebeten worden sind, für jemanden zu beten, dann können wir es dennoch tun. In diesem Fall sollten wir jedoch die Person, für die wir beten, zumindest innerlich um Erlaubnis bitten. Wir sollten dieses Gebet ganz für uns behalten und dem Betroffenen nicht eines Tages vorhalten, dass wir ja schließlich für ihn gebetet haben. Das ist wichtig. Wenn wir ungefragt für jemanden beten, dürfen wir aus unserem Tun auf keinen Fall irgendeine Art von Anspruch auf eine Gegenleistung ableiten. »Das Gefühl schuldiger Dankbarkeit ist eine Last, die nur starke Seelen zu ertragen vermögen«, sagte Marie von Ebner-Eschenbach. Eine solche Last wollen wir jedoch niemandem aufladen. Unser Gebet ist ein kleines, winziges Geschenk aus unserer eigenen Fülle, aus unserem großen inneren Reichtum heraus. Wir bleiben dabei vollständig im Hintergrund und üben uns ein wenig in Bescheidenheit, das schadet uns nicht. Wir beten und versuchen uns darin, die Gesundung in die betroffene Person hineinzuschauen. Dann lassen wir geschehen, was geschieht.

Was die Zukunft bringt, ist offen, ist Potenzialität. Zukunft ist niemals vorherbestimmt, sondern abhängig von Ursachen und von Bedingungen. Wenn wir mit der Absicht beten, für andere nützlich zu sein, kann sich das schlussendlich nur positiv auf das zukünftige Geschehen auswirken.

Danke sagen

Wenn eine Situation, für die wir gebetet haben, sich gebessert hat, so bedanken wir uns bei den höheren Kräften, mit denen wir ja in einer lebendigen Beziehung sind. Wir freuen uns, dass die Zusammenarbeit so gut klappt, und bedanken uns. Das sollte eigentlich ein ganz natürlicher Wunsch sein. Meister Eckhart sagte dazu: »Wäre das Wort »danke« das einzige Gebet, das du je sprichst, so würde es genügen!« Dankbarsein macht in diesem Fall glücklich und ist mit Freude vermischt. Sollten wir Erfolg haben mit unseren Gebeten, ist es sinnvoll, unseren Anteil an der Heilung nicht über Gebühr zu loben. Dankbarkeit ist eine großartige Quelle für unsere geistige Entwicklung. Die deutsche Sprache ist ja sehr tiefsinnig und gerade beim Wort »danken« kann man sehen, wie durch die Verwandtschaft mit dem Wort »denken« eine besondere Art von Weisheit entfaltet wird. Man stelle sich vor, unser Denken wäre ganz von Danken erfüllt anstatt von all den anderen Dingen, die unser Hirn belasten. Wir werden in unserer Muttersprache darauf hingewiesen, dass wir unser Denken und unsere Gedanken hauptsächlich zum Danken verwenden könnten. Wie würde unsere Welt dann wohl aussehen?

Neben der Dankbarkeit als Quelle für unsere geistige Entwicklung sollte auch die Freude nicht zu kurz kommen. Denn wenn wir für jemanden gebetet haben, freuen wir uns natürlich, wenn es demjenigen dann tatsächlich besser geht! Auf diese Art und Weise könnten wir ein sehr entspanntes und glückliches Leben führen. Unsere Gedanken sind dann mit Danken beschäftigt, unsere Gefühle mit Freude. Morgens aufwachen und sofort taucht der erste Gedanke auf: Danke, wir leben! Die Kinder leben, die Partner und die Expartner leben, die Enkelkinder leben, es geht ihnen allen einigermaßen gut! Was für eine Freude! Der erste Blick in den Spiegel und wir sehen, dass es uns heute schon wieder ein kleines bisschen besser geht als gestern! Wie wunderbar! Wie einfach! Wenn das doch nur in der Wirklichkeit auch so einfach wäre wie hier beschrieben. Dabei ist es tatsächlich so einfach. Wir vergessen nur immer wieder, dass es so ist!

ALTE HEILGEBETE

»Im Namen Gottes!«

Das Hauptgebet

Es lautet schlicht und einfach: »Im Namen Gottes!«. Das ist das wichtigste Gebet. Mit dieser Formel beginnen wir jedes andere Gebet. Wenn wir mit »im Namen Gottes« beginnen, geben wir zu erkennen, dass nicht wir selbst handeln, sondern dass wir die Ursache, den Verlauf und das Resultat unserer Handlung Gott selbst übergeben. Gott wird schon wissen, was richtig und angemessen ist und was am Ende herauskommen soll.

Als der Lory damit begann, mich in der Kunst der Gebetsheilung auszubilden, erklärte er zuerst den Namen Gottes. Er sagte: »Wenn du am Morgen aufwachst, dann denke an den Namen Gottes.

Wenn du Wasser aus dem Wasserhahn laufen lässt, um dein Gesicht zu waschen, reinige dich im Namen Gottes. Wenn du deine Kleidung anziehst, dann danke im Namen Gottes dafür, dass du etwas zum Anziehen hast. Wenn du in dein Auto einsteigst, um zur Arbeit zu fahren, dann öffne die Tür im Namen Gottes und starte den Motor in seinem Namen. Dann wirst du sicher wieder nach Hause kommen. Wenn du Gemüse schneidest, dann denke dabei an deinen Herrn und das Essen wird einen besonderen Geschmack bekommen. Wenn du dein Kind zur Schule schickst, dann tu es im Namen Gottes und bevor du einschläfst, solltest du den Namen Gottes mit hinüber in deine Träume nehmen …«

Später habe ich herausgefunden, dass dieses Gebet im Grunde in allen Religionen gebetet wird. In Indien habe ich während meines Aufenthaltes in einem Ashram ständig die Worte »Sai Ram« gehört. Rama ist der göttliche Held im Hinduismus. Seine Geschichte wird in tausend Variationen und für alle Bildungsstufen erzählt. Die Geschichte von Rama und seiner Gefährtin Sita kursiert als Epos und als Comic, sie wurde verfilmt und in jedem indischen Basar gibt es Postkarten mit dem Bildnis des göttlichen Paares. Im Ashram wurde die Anweisung, die ich vom Lory erhielt, absolut wörtlich genommen. Man grüßte sich mit »Sai Ram«, was wohl gleichbedeutend ist mit »im Namen Gottes«. Das Wechselgeld für den Tee wurde mit »Sai Ram« herausgegeben. »Danke« oder »Bitte« – es gab nur ein Wort dafür: »Sai Ram«. Auch etwas schwierigere Aktionen wie etwa »Kannst du bitte etwas beiseiterutschen ...« oder »Pass doch auf, wo du hintrittst ...« – alles ließ sich mit den zwei kleinen Worten sagen, die allerdings im Tonfall erheblich variierten.

Die Indianer sagen: »Mitakuye Oyasin«. Das bedeutet »alle meine Verwandten« und hat denselben philosophischen Hintergrund. Da in der Weltsicht der Indianer alles mit allem verbunden ist, alles vom großen Geist durchweht wird, ergibt sich daraus, dass wir mit allem verwandt sind, weil wir alle aus dem gleichen Holz geschnitzt bzw. vom gleichen Geist durchdrungen sind. Der Geist ist wie der Vater und die Erde wie die Mutter. So sind wir nicht nur verwandt mit allen Menschen, sondern auch mit den Tieren, den Vögeln, den Bäumen, dem Gras und den Flüssen. »Ho Mitakuye Oyasin« sagten wir, wenn wir in die Schwitzhütte hineinkrochen und genauso, wenn wir wieder herauskamen. Ich lernte, dass diese Worte am Beginn einer Rede und an deren Ende stehen und ich lernte, damit die gleiche geistige Verbindung herzustellen, wie der Lory es mir auch beigebracht hatte.

Im Islam lautet die Formel »Bismillah« oder »Basmallah«, das bedeutet genau dasselbe, »im Namen Gottes«. Es heißt, die Bismillah-Formel steht über den Eingangstoren zum Paradies geschrieben und wer sie kennt, hat freien Zutritt. Von einem Sufimeister habe ich die folgende Geschichte gehört: Der Prophet Mohammed wurde eines Tages vom

Engel Gabriel ins Paradies geführt. Der Engel zeigte dem Propheten die vier Flüsse im Paradies. Der erste Fluss bestand aus Wasser. »Wasser steht für die Klarheit«, sagte der Engel. Der zweite Fluss war aus Milch, das Symbol für Erkenntnis. Der dritte Fluss bestand aus Honig wegen der Süße und der Wonne, von der die Wesen im Paradies erfüllt sind. Und der vierte Fluss war voll von Wein, Symbol für die göttliche Ekstase. Der Prophet jedoch wollte vom Engel wissen, was die Quelle all dieser Flüsse sei. Der Erzengel Gabriel antwortete: »Die Quelle aller Flüsse im Paradies ist Bismillah, der Name Gottes!« Es heißt im Islam, jedes Projekt, jedes Vorhaben, das wir im Namen Gottes beginnen, wird letztlich von Erfolg gekrönt sein.

Wenn wir Dinge »im Namen Gottes« tun, geht es dabei natürlich nicht um ein routinemäßiges und inhaltsleeres Wiederholen von Worten. Es geht um eine tiefe Verinnerlichung der Gegenwart des Göttlichen und der Verbindung dazu. Wenn wir diese Verinnerlichung wirklich erreicht haben, dann sind wir ein gutes Stück auf unserem Weg vorangekommen. Wenn wir durch Gebete Schmerzen lindern oder Heilungsprozesse unterstützen wollen, brauchen wir zuerst die richtige Einstellung, die unser Vertrauen in geistige Kräfte fördert.

Das Schöne ist, dass dieses Gebet jeder Mensch erlernen kann. Auch Menschen, die sich nur wenig merken können, sind dazu in der Lage, sich drei kurze Worte einzuprägen. Manche Gebete, die ich Ihnen hier vorstelle, sind lang und man braucht eine Weile, bis man sie gelernt hat. Das Gebet »im Namen Gottes« ist trotz seiner Kürze ein vollständiges Gebet von unergründlicher Tiefe und so weit wie der Himmel. Da es uns den Zutritt ins Paradies verspricht und das Gelingen all unserer Vorhaben, ist es ein Ausdruck der großen Gnade. Selbst wenn wir nie ein anderes Gebet gelernt haben, reicht es vielleicht aus, um direkt in das Herz des Großen Geheimnisses vorzudringen.

Wenn wir dieses Gebet in dem Sinne beherrschen, dass es uns ganz selbstverständlich geworden ist, dann sind wir sicher aufgehoben. Wir können vielleicht nicht als religiöse Lehrer auftreten, denn von einem spirituellen Lehrer oder einer spirituellen Lehrerin darf man erwarten, dass er oder sie mehr weiß als nur drei Worte. Allerdings darf man das intellektuelle Wissen auch nicht überbewerten, denn manchmal geht damit mehr Verwirrung einher als klärende Erkenntnis. Unser Gebet hier verbindet alle Religionen und ist in der jeweiligen Tradition und Ausprägung in allen Religionen bekannt. Es ist sozusagen universell und allein schon deshalb von großer Kraft und Güte. Es ist der Ausdruck reiner Klarheit und Erkenntnis. Und es funktioniert!

»Im Namen Gottes«

Was ich sehe, das vergehe,
was ich streiche, das erweiche.

Im Namen Gottes,
des Vaters, des Sohnes
und des Heiligen Geistes.

Amen.

Ein grundlegendes Gebet

Auch dieses Gebet (siehe S. 66) ist sehr schlicht. Es bezieht sich auf das Leiden. Welches Leid auch immer wir sehen, es vergehe. Welches Leid auch immer wir mit unseren Händen berühren, darüberstreichen oder -streicheln, es erweiche.

Wir können dieses Gebet allgemein auf jede Krankheit und auch auf jedes seelische Leiden anwenden. Vor einiger Zeit hatte ich einen Patienten mit einem hartnäckigen Hautleiden im Gesicht. Der arme Mann war ganz entstellt. »Was ich sehe, das vergehe …« Beim Anblick der Haut stellte ich mir vor, wie sie aussehen würde, wenn sie wieder gesund ist. Als ich ihm kürzlich wieder begegnete, war das Ekzem verschwunden. Durch eine Verkettung von Umständen war er zu einer Salbe gekommen, mit deren Hilfe sich der Ausschlag innerhalb kurzer Zeit beruhigte.

Ich glaube, so ein Gebet und dazu die Vorstellung und der Wunsch allein, dass der gesunde Zustand eintreten möge, kann auf der geistigen Ebene viel Heilsames bewirken. Wenn wir einen solchen Wunsch nicht für uns selbst, sondern für eine andere Person hegen, ist er auch frei von Verzweiflung und Angst, von der die betroffene Person vielleicht erfüllt ist, wenn sie selbst sich Genesung wünscht. Ein anderes Beispiel kann dies am besten verdeutlichen. Ein junger Mann, der von starker Adipositas, also Fettleibigkeit geplagt war, bat um Hilfe. Ich betete oft für ihn, zunächst ohne Erfolg. Dann träumte ich. Ich sah ihn im Traum, normalgewichtig und fröhlich. Zuerst bemerkte ich im Traum nicht einmal, dass er so viel Gewicht verloren hatte, denn er war ja innerlich derselbe geblieben, dieselbe liebenswerte Persönlichkeit. Ich erzählte ihm von dem Traum und merkte, dass er sich selbst gar nicht vorstellen konnte, wieder schlank zu sein. Einige Zeit darauf träumte ich wieder von ihm in merklich reduzierter Leibesfülle und erzählte ihm erneut von dem Traum. Dieses Mal schienen meine Worte bei ihm anzukommen. Einige Zeit darauf strengte er sich an, um die Genehmigung und Kostenübernahme für eine Kur zu erhalten. Er konnte fast 20 Kilogramm Gewicht abnehmen und schien nach der Rückkehr aus der Kur wie ausgewechselt, voller Lebensgeister und Zuversicht! Ich glaube, dass die Gebete und die geistige Übertragung des Bildes von einem gesunden, normalgewichtigen jungen Mann ein nicht unwesentlicher Beitrag und vielleicht die entscheidende Unterstützung für den Heilerfolg waren. Den größten Beitrag aber hat der junge Mann natürlich selbst geleistet: 20 Kilogramm abnehmen! Wenn ich nur daran denke, wie schwer es mir fällt, auch nur lächerliche 3 Kilos zu verlieren! Mit diesem Gebet können wir üben, durch die Welt zu gehen und heimlich, still und leise jedem Menschen, dem wir begegnen, einen frommen Wunsch zu senden. Wenn man ein bisschen hinschaut, dann sieht man ja oft, was den Menschen fehlt, ohne dass man sie fragen muss.

Wenn wir Traurigkeit sehen, so können wir unser Gebet sprechen: »Was ich sehe, das vergehe ...« Oder wenn wir Geiz sehen, können wir diese Plage in unserer Vorstellung dahinschmelzen lassen wie Schnee in der Sonne. Und wenn unser Kind Bauchschmerzen hat, so legen wir die Hand auf den Bauch und stellen uns vor, wie der Schmerz verschwindet, wie er sich erbarmt und erweicht ... und dann blasen wir ihn weg, geben den Schmerz dem Atem, dem Wind mit.

»Im Namen Gottes«

Ich kann alles erreichen durch meine
in mir ruhende göttliche Energie.
Ich bin stark durch die Stärke des Allmächtigen.
Ich bin heil durch die Gesundheit
des vollkommenen Lebens.
Liebe umgibt mich, ich bin nie allein.
Durch die Kraft Gottes habe ich in
allem, was ich tue, Erfolg.
Und gleich wie der Prophet Jonas
durch drei Tage und drei Nächte
in des Walfisches Bauch versorgt gewesen,
so wolle mich der Allmächtige Gott
vor aller Gefahr väterlich behüten
und bewahren.

Amen.

Gebet zur Stärkung

Dieses nebenstehende wunderbare Gebet habe ich von einer Dame bekommen, die ich einige Zeit ambulant als Altenpflegerin betreute. Sie lebte allein, hatte nie eine Familie gehabt und war damals bereits an die 80 Jahre alt. Es war ihr sehr unangenehm, dass sie überhaupt Hilfe benötigte. Sie galt als »schwierige Patientin«, aber ich hatte sie vom ersten Augenblick an ins Herz geschlossen. Ich blieb oft eine Weile bei ihr sitzen, um ihren Geschichten zuzuhören. Als sie Vertrauen zu mir gefasst hatte, schenkte sie mir eines Tages ihr »schwarzes Buch«, eine Sammlung von Anwendungen und Gebeten, mit Bleistift in der alten deutschen Schrift geschrieben, die ich leider nur teilweise entziffern konnte. Das Gebet, das ich Ihnen hier anvertraue, hat mir die alte Dame übertragen – ganz in dem Sinne, wie diese Art von Übertragungen bei den alten Heilern und Heilerinnen wohl stattgefunden haben. Sie hat es mir laut vorgebetet und ich werde den Augenblick nie vergessen, denn ihre fast schon erloschenen Augen leuchteten und strahlten dabei irgendwie ganz entrückt! Im Klang ihrer Stimme tönte eine Art kindlicher, reiner Glaube mit, voller Hingabe, voller Kraft, aus vollstem Herzen – und dennoch bescheiden und ruhig. Ich war glücklich, dass ich diesen Augenblick erleben und dieses unschätzbare Geschenk entgegennehmen durfte.

Wenn Sie über den Inhalt der Worte nachdenken, wird sich Ihnen die Schönheit dieses Gebetes immer mehr erschließen. Was auch immer wir erreichen können, es geschieht durch das, was in uns ruht, ob wir es Gott oder Buddha nennen, das ist egal.

Im Gebet ist von der »Gesundheit des vollkommenen Lebens« die Rede. Ein vollkommenes Leben, was könnte damit gemeint sein? Mein erster Gedanke dazu ist, dass unser Leben erst dann vollkommen wird, zur Fülle gelangen kann, wenn wir nicht nur die materiellen Aspekte unseres Lebens ernst nehmen, sondern gerade auch die geistigen und spirituellen Anteile in uns vervollständigen. Ich glaube, erst dann ist Gesundheit in einem übergeordneten Sinne erfahrbar. Im Wort »gesund« steckt auch die Bedeutung von »gesonnt« und von »gesinnt«. »Hab Sonne im Herzen, ob's stürmt oder schneit ...«, so beginnt ein kleines Gedicht,

das wir als Kinder einander in die Poesiealben geschrieben haben. Diese Art von Gesinnung könnte gemeint sein, wenn im Gebet das Heilwerden durch die Gesundheit des vollkommenen Lebens angesprochen ist.
Wenn wir das Gebet sehr gut in unseren Geist hineinpflanzen, wird es auch dann vorhanden sein, wenn wir verlassen werden, wenn wir uns ungeliebt und allein fühlen. Solche Gefühle und Gedanken werden sich dann nicht lange halten können, denn wir haben immer und immer wieder Liebe um uns herum gespürt, wenn wir gebetet haben: »Liebe umgibt mich, ich bin nie allein!«
Das Bild des Propheten Jonas, der vom Walfisch verschluckt wurde und heil wieder herauskam, ist sehr beeindruckend. In »meiner« Kirche oben auf dem Hohenpeißenberg ist der Prophet Jonas am rechten Nebenaltar abgebildet. Der Wal schaut zwar eher aus wie ein überdimensionierter Karpfen, denn der Freskenmaler Matthäus Günther, der 1705 geboren wurde, hat vermutlich nie in seinem Leben einen echten Wal gesehen. Als Kind war ich allerdings dennoch stets davon fasziniert. Ich stellte mir damals vor, wie der Prophet wohl im Innern des Wales gesessen hat und fragte mich, ob er dort eine Küche mit Speisen und Getränken vorgefunden hat, ob es wohl sehr dunkel gewesen ist, ob er eine Kerze anzünden konnte, ohne den Wal dabei zu verletzen, oder wie er sich in der Dunkelheit

zurechtgefunden hat. Sollten Sie jemals auf den Gedanken kommen, den »Heiligen Berg« zu besuchen, was ich Ihnen auf alle Fälle empfehlen möchte, dann vergessen Sie bitte nicht, auch dieses Bild zu würdigen.

Es lohnt sich auch, die Worte vom »väterlichen Behüten und Bewahren« zu verinnerlichen. In unserer kranken Gesellschaft scheint die wahre Väterlichkeit beinahe vom Aussterben bedroht und bedarf dringend einer tiefgründigen Heilung. Ein vorbildlicher Vater im archaischen Sinn wäre zwar auch streng und konsequent, wenn es sein muss, jedoch um uns zu beschützen und zu bewahren, ohne uns zu bevormunden. Wir gehen unseren Weg, im Vertrauen auf eine solche väterliche Kraft, die uns beschützt, selbst dann, wenn wir uns in einem Monster verlieren würden. Von dem hier gewählten Symbol für das Fremde, das Monsterhafte, dem Walfisch, wissen wir heute, dass es gar kein Monster ist, sondern ein sehr intelligentes und sanftes Wesen, das wunderbare Gesänge hervorbringt. Unter diesem Gesichtspunkt betrachtet, ist das ein Gleichnis, das ebenfalls der besonderen Aufmerksamkeit bedarf. Vielleicht ist nicht alles, wovor wir uns fürchten und was wir noch nicht kennen, schlimm und böse. Es ist nur anders. Wale werden immer noch gejagt und getötet, obwohl sie – ähnlich wie die wahren väterlichen Eigenschaften – vom Aussterben bedroht sind, das ist eine Schande!

»Im Namen Gottes«

Gott hat erschaffen Wasser und Wein,
dass der Schaden soll gesegnet sein.
Ob innen, ob außen, wie der Schaden gescheh,
da hilft der Name Maria im Schnee.

Amen.

Gebet, um Schaden abzuwenden

Dieses Gebet ist wiederum ein Gebet, das universal einsetzbar ist und bei jeglichem Schaden helfen kann. Erinnern Sie sich an die Sufigeschichte vom Paradies, in dem die vier Flüsse fließen? Das Wasser, das für die Klarheit des Geistes steht, wird hier in einem Atemzug genannt mit dem Wein, der für die Ekstase der Vereinigung steht, wenn das »Ich« mit dem Großen Geist auf der tiefsten Ebene miteinander verschmilzt.

Was ist nun die Bedeutung von: »… dass der Schaden soll gesegnet sein …«? Im Fall einer Krankheit könnte es bedeuten, dass wir den Schaden, den Schmerz, den Schwindel, was immer es ist, dass wir es nicht hassen, sondern segnen wollen. Ein älterer Herr war vor Kurzem in meine Praxis gekommen, dem ich dieses Gebet mitgab. Er gab zu bedenken: »Ich kann ja den Schaden nicht selbst segnen …«

Damit gab er zu erkennen, dass er das Prinzip sofort und spontan verstanden hatte. Nicht wir selbst sind es, die heilen oder segnen, der Segen kommt aus einer anderen Ebene, fernab des Materiellen.

»Ob innen, ob außen, wie der Schaden gescheh …«

Diese Aussage ist klar verständlich: Von woher der Schaden auch kommt, ob von innen oder von außen, von oben oder unten, ob wir den Grund des Schadens erkennen und verstehen oder auch nicht …

Wir beziehen uns in diesem Gebet besonders auf unsere weibliche, mütterliche Beschützerin, in dem Fall die »Maria im Schnee«. Von »Maria im Schnee« gibt es zwei Deutungen. Die erste ist die Vorstellung der Maria in ihrer astralen Gestalt, als Lichterscheinung sozusagen. Das könnte aussehen, als glitzerte sie wie der Schnee, wenn sich die Sonne darauf bricht. Wir sind alle schon einmal an einem Wintertag bei Sonnenschein spazieren gegangen und haben die Millionen von Schneekristallen gesehen. Dieser Anblick lässt erahnen, wie die »Königin des Himmels und der Erde«, wie sie auch manchmal genannt wird, erscheinen könnte. Wir können uns auch ausmalen, dass die Heilige selbst sich in diesem Glitzern zeigt. So können wir bei einem ganz gewöhnlichen Spaziergang eine Bezie-

hung herstellen zu der Quelle, aus der die Heilkraft entspringt.
Die zweite Deutung bezieht sich auf ein Wunder, das jeweils am 5. August als katholischer Gedenktag gefeiert wird. »Maria Schnee« heißt der Feiertag. Der Legende nach soll die Madonna in der Nacht auf den 5. August im Jahr 358 dem römischen Patrizier Johannes und seiner Frau erschienen sein. Sie habe ihnen versprochen, dass ihr Wunsch nach einem Kind in Erfüllung gehe, wenn ihr zu Ehren eine Kirche an der Stelle errichtet wird, wo am nächsten Morgen Schnee liege. Das Ehepaar begab sich daraufhin zu Papst Liberius, der ebenfalls geträumt hatte, dass er eine Kapelle zu Ehren der Madonna auf einem schneebedeckten Hügel bauen solle. Am nächsten Morgen sei die höchste Erhebung Roms, der Esquilinhügel, weiß gefärbt von Schnee gewesen. Man stelle sich vor: Schnee im August in Rom! Die Kapelle wurde gebaut, das Kind wurde geboren, die Geschichte wird noch heute erzählt.
Nicht immer sind uns solche augenfälligen Wunder gegönnt. Im Falle jenes bereits erwähnten älteren Herrn sprachen wir darüber, dass wir uns manchmal auch in unser Schicksal fügen müssen. Solange wir noch nicht in dem Stadium sind, in dem Alter und Tod keine Rolle mehr spielen, müssen wir uns wahrscheinlich doch damit abfinden, dass unser Körper gebrechlich wird und nicht mehr so funk-

tioniert wie vielleicht noch vor 20 Jahren. Wenn unsere Schmerzen trotz aller Gebete und medizinischen Anwendungen nicht vollständig aufhören, können wir uns darin üben, wie Jesus die Schmerzen anzunehmen und sie vielleicht sogar für andere zu tragen. Als ich dieses äußerst schwierige Thema mit dem freundlichen Herrn besprach, verstand er wieder sofort, was gemeint war. Vielleicht wird man ja auch im Alter eher durchlässig für Botschaften dieser Art. »Leicht ist das nicht!«, sagte er. Aber der Gedanke schien ihm dennoch zu gefallen: »Aber dann hat es wenigstens einen Sinn!«.

»Im Namen Gottes«

Verleih uns Gott eine gute glückliche Stund,
dass alle Kranken werden gesund
und alle Betrübten werden getröstet
und alle Gefangenen werden erlöst,
allen Verreisten gebe Gott Glück,
und allen schwangeren Frauen einen
fröhlichen Augenblick.

Im Namen Gottes,
des Vaters, des Sohnes
und des Heiligen Geistes.

Amen.

Reisegebet

Dieses Gebet wird jeweils am Morgen gesprochen, wenn wir uns auf Reisen befinden. Ich mag das Gebet sehr, denn es ist sozusagen ein »Rundum-Segen«. Alle Kranken, alle Traurigen, alle Reisenden, alle Schwangeren, sogar alle Gefangenen sind darin eingeschlossen. Wir können sicher leicht nachvollziehen, dass Betrübte und Kranke unsere Gebete gebrauchen können. Wie aber steht es mit denjenigen, die auf Reisen sind? Für gewöhnlich reisen wir heute recht komfortabel und sicher. Das war gewiss nicht immer so. Seitdem mein Mann und ich jedoch jedes Jahr mehr als 150 Kilometer nach Altötting pilgern, habe ich eine neue Einstellung zum Reisen gewonnen. Mit dem Rucksack auf dem Rücken musste ich immer wieder daran denken, wie es wohl für Flüchtlinge sein muss, unterwegs zu sein. Wie es wohl ist, wenn man von all seinem Hab und Gut nur das mitnehmen kann, was man tragen kann? Wie es wohl ist, wenn kleine Kinder dabei sind, die nicht so weit laufen können und viel weinen? Wie es wohl ist, wenn man darauf angewiesen ist, dass man eine Unterkunft bekommt? Wie es wohl ist, wenn man als Fremder und als Flüchtling unerwünscht ist, egal wohin man kommt? Wie es wohl ist, wenn man noch dazu kein Geld hat, um Essen und Unterkunft bezahlen zu können? Wie fühlt sich das wohl an? Wie viele Menschen befinden sich in einer solch beklagenswerten Situation? Bei uns gibt es nur wenige Menschen, die ein solches Schicksal erleben, aber im Sudan, in Äthiopien oder in anderen Kriegsgebieten sind es sehr viele. In einer solchen Situation sind wir wahrlich darauf angewiesen, dass eine höhere Kraft uns Glück gibt, wie es in dem Gebet heißt.

»Und alle Gefangenen werden erlöst …« Vor Kurzem haben wir alte Burgen in der Fränkischen Schweiz besucht. Die Burgen dort wurden in der Regel auf einem der Jurafelsen erbaut und jede der Burgen besaß ein Verlies. Diese Gefängnisse bestanden aus tiefen Löchern, Felsspalten, in die die Gefangenen hinabgelassen und, wenn überhaupt, dann nur gegen Lösegeld wieder freigelassen wurden. Die Kälte, die Dunkelheit, Hunger und Durst und die Verlassenheit dort müssen unvorstellbar gewesen sein. Wenn wir bedenken, dass unsere Gebete aus einer Zeit stammen, da solche Strafen an der

Tagesordnung waren, verstehen wir schnell, dass die Erlösung der Gefangenen Teil des Wunschgebetes war. Es konnte damals buchstäblich jeden treffen, denn die Gerichtsbarkeit wurde willkürlich von den Burgherren ausgeübt und so etwas wie ein Rechtsstaat mit einem Mindestmaß an geordneter Rechtssprechung war damals noch Utopie. Heute sind die Gefängnisse zumindest in unserem Land komfortabler ausgestattet, doch viele Gefangene sind so verzweifelt, dass sie am liebsten sterben möchten. Oder sie sind so aggressiv, dass sie sich gegenseitig quälen und töten. Es gibt Länder in Afrika, da verhungern und verdursten die Gefangenen und die Toten werden mangels Personal noch nicht einmal aus den Zellen geholt. Obwohl in unserer Gesellschaft bessere Verhältnisse herrschen, dürfte das Gefängnis auch bei uns der schlimmste Ort sein, an dem wir landen können. Welche Zustände herrschen dort? Und wie muss es sich für viele unserer Jugendlichen anfühlen, wenn ihre wahrscheinlichste Zukunftsperspektive darin besteht, dass sie vermutlich irgendwann im Gefängnis landen werden? Wie fühlt sich das an? Und wie würde die Erlösung aussehen?

Mit diesem Gebet beten wir für eine Welt, in der neben Gesundheit auch Großzügigkeit, Gewaltfreiheit und Gnade herrschen. Vielleicht können wir durch unsere Traumvorstellung von einer besseren Welt diese tatsächlich schneller herbeisehnen.

»Im Namen Gottes«

Seid mit Gott willkommen, ihr Brüder gut,
wir haben alle getrunken Christi Blut.
Gott der Vater mit mir,
Gott der Sohn mit euch,
Gott der Heilige Geist mit uns allen,
wir wollen in Frieden und Einigkeit
voneinander scheiden.

Im Namen Gottes,
des Vaters, des Sohnes
und des Heiligen Geistes.

Amen.

Gebet, um Streit und Feindschaften zu beenden

Dieses Gebet wird drei Mal wiederholt. Wenn wir in der glücklichen Situation sind, dass wir gerade mit keinem Menschen Streit und Feindseligkeiten austragen müssen, dann mag uns dieses Gebet sehr friedlich und sinnvoll erscheinen. Wenn wir jedoch mitten in einer Auseinandersetzung sind, dann kann es zu einer Herausforderung werden, auch nur die erste Zeile von Herzen zu beten: Seid mit Gott willkommen, ihr Brüder (oder Schwestern) gut ... Menschen, über die wir uns sehr ärgern, sind uns nicht willkommen und wir bezeichnen sie in der Regel nicht als »gute Schwestern oder gute Brüder«. Um mit diesem Gebet erfolgreich zu sein, müssen wir unsere Gesinnung vollständig ändern. Der Feind wird zum guten Bruder und ist uns willkommen. »Mit Gott willkommen«

heißt es im Gebet, denn für gewöhnlich werden wir die Hilfe Gottes benötigen, um auch nur diesen Einstieg richtig zu bewerkstelligen.

Mein tibetischer Lehrer hat kürzlich sinngemäß gesagt: »Wenn unser Fortschritt auf dem geistigen Pfad wieder einmal überprüft werden soll, dann schickt uns das Leben einen Feind. Der Feind prüft, ob wir die geistigen Lehren schon verinnerlicht haben oder nicht. Unser Lehrer wird sich uns gegenüber nicht bösartig oder ungerecht verhalten, um uns zu prüfen. Das machen die »Feinde«. Wenn wir solche Konflikte auf eine sehr gute Art und Weise lösen können, dann wissen wir, dass wir vorangekommen sind. Dann werden wir unsere Feinde sogar als unsere guten Lehrer erkennen, die uns nicht nur theoretisch, sondern ganz praktisch unterweisen.«

Das bedeutet: Als Erstes den Feind »im Namen Gottes« willkommen heißen und das Positive in ihm sehen, in ihn hineinschauen. Die zweite Zeile »wir haben alle getrunken Christi Blut« wirkt für uns moderne Menschen natürlich barbarisch. Wir können nur versuchen, diese Worte im Zusammenhang mit der christlichen Wandlung zu verstehen. Wir glauben schließlich, dass wir alle mit Jesus und seinem Schicksal verbunden sind. Auf dieser Ebene sind wir alle gleich. Wir dürfen davon ausgehen, dass Jesus oder Gott oder wie immer wir das unendliche Bewusstsein nennen, keinen Unterschied macht zwischen uns und unserem Feind.

Zum Schluss teilen wir: »Gott Vater mit mir, Gott Sohn mit dem Feind und den Heiligen Geist für uns alle.« Das ist eine wunderbare innere Geste. Und dann trennen wir uns. Wenn wir die Lösung gefunden haben, mit der wir uns friedlich und in einer gewissen Übereinstimmung trennen können, dann sollten wir es allerdings auch tun. Prüfung bestanden! Ich habe einen solchen Fall vor einiger Zeit erlebt: Eine nervenaufreibende Auseinandersetzung zwischen ehemaligen Freunden um ein gemeinsames Projekt. Zuerst einmal habe ich lange Zeit gar nicht an das Gebet gedacht. Das ist natürlich typisch, denn die erste Schwierigkeit ist es, das richtige Instrument zur Beseitigung des Problems überhaupt in die Hand zu nehmen. Die Wirkung des Gebets war ganz erstaunlich! Schon am selben Tag, als ich das Gebet anwendete, stellte sich ein relativ versöhnlich anmutender Brief in meinem Postfach ein. Besonders interessant ist auch, dass mein Geist sich völlig entspannt und beruhigt hat, nachdem ich dieses Gebet angewendet habe. Es wurden bezüglich der Streitigkeit Maßnahmen ergriffen, die sich entfalten werden, ob ich mich nun darüber aufrege oder nicht. Ich denke gar nicht mehr daran. Mein Anteil an der Angelegenheit ist vielleicht, Frieden anzubieten, zuerst im Geist und dann in der wirklichen Welt. Wenn das Friedensangebot nicht angenommen wird, dann ist das eigentlich nicht mehr mein Problem. Der Einigungsprozess ist noch im Gange. Ich bin jedoch zuversichtlich, dass es gelingen wird, das gemeinsame Projekt so zu beenden, dass jeder für sich neu beginnt und dennoch weiter an der gemeinsamen Sache arbeiten kann. Der Lory hat als Begleitwort zu diesem Gebet hinterlassen: »Wende es an, um Leute zu bannen, die dir begegnen, von denen du glaubst, dass sie dir schädlich werden, damit sie dir nichts anhaben können.« Wenn wir also klug sind, dann wenden wir dieses Gebet bereits an, wenn wir nur die Gefahr wittern, dass vielleicht ein zwischenmenschlicher Schaden entstehen könnte.

»Im Namen Gottes«

Liebe heilige Korona,
lass Blitz, Hagel und Unwetter ziehen,
vielleicht ins Gletschergebirge hin.
Bewahre und erhalte uns glücklich und frei
und lass unsere Ernte gedeihen.

Im Namen Gottes,
des Vaters, des Sohnes
und des Heiligen Geistes.

Amen.

Gewitter abbeten

Wir beten dieses Gebet, sobald wir ein Gewitter aufziehen sehen, von dem wir fürchten, dass es die Ernte verdirbt oder sonstigen großen Schaden anrichten kann. Meine Eltern stammen ja beide aus bayrischen Bergbauernhöfen und wir haben in meiner Kindheit oft bei der Erntearbeit geholfen. Ich kann mich gut an die besorgten Mienen der Erwachsenen erinnern, wenn das Heu oder Grummet noch nicht fertig eingebracht war und ein Gewitter aufzog.

In den Aufzeichnungen des Herrn Lory heißt es, man soll dieses Gebet drei Mal beten und noch etliche »Vaterunser« hinterherschicken. Meistens käme dann ein Wind und vertreibe das Unwetter. Dann dankt man von Herzen mit »Vergelts Gott!« Die heilige Korona ist nach unserer Überlieferung die Schutzheilige bei Unwettern, Blitz und Hagel.

Ich stelle mir die Heilige in einem Strahlenkranz (Korona) vor, ähnlich wie die Sonne bei der unvergesslichen Sonnenfinsterns im Jahr 1999 erstrahlt ist.

Das »Wetter machen« ist in gewisser Weise eine heikle Angelegenheit. Sobald eine/r der alten Heiler oder Heilerinnen in dem Ruf stand, das Wetter beeinflussen zu können, wurde sie womöglich gleich dafür verantwortlich gemacht, wenn trotz des Gebets doch ein Hagelschaden entstanden ist. Ich habe vor einiger Zeit gelesen, dass es folgenden Zusammenhang gab zwischen der Hexenverfolgung und der Erfindung von Blitzableitern: nachdem Blitzableiter die Höfe vor Blitzschlag schützten, hörte schon bald die Hexenverfolgung auf. Wir sollten nicht meinen, dass wir die Macht haben, das Wetter gemäß unseren Vorstellungen zu lenken. Wenn das so einfach wäre, dann könnten wir auch den Klimawandel rückgängig machen und die damit verbundenen Schwierigkeiten aufheben. So leicht lassen sich Klima und Wetter jedoch nichts von uns sagen. Gerade im Hinblick auf die elementaren Gewalten sollten wir respektvoll sein und wissen, dass Blitz und Sturm sehr viel stärker sind als wir kleine Menschen. Wir können jedoch versuchen, mit diesem Gebet Schaden abzuwenden, indem wir uns mit den Elementen anfreunden. Es ist der Wind, der das Gewitter mitnimmt und wir können uns den Wind wie einen Freund vorstellen. Gerade in diesem Gebet wird ausdrücklich unsere Liebe angeboten. In dem Gebet wird auch erwähnt, dass das Gewitter wohl oder übel an einem anderen Ort niedergehen wird, auch wenn unser eigener Ort verschont bleibt. Es wird das »Gletschergebirge« angeboten, also ein Ort, wo keine Ernten eingebracht werden müssen und wo sich wahrscheinlich keine Menschen aufhalten.

Im Allgemeinen kümmere ich mich nicht um das Wetter. Es ist, wie es ist. Jeder Tag ist ein guter Tag. Jedes Wetter ist gutes Wetter. Wir reden gerne von »schlechtem Wetter«, wenn es regnet. Dabei ist gerade der Regen unser Freund, weil er den Boden fruchtbar macht. Seitdem ich in Ägypten war und dort die Wüste und die Trockenheit gesehen habe, weiß ich unser »schlechtes Wetter« sehr zu schätzen. Manchmal jedoch, wenn ich etwa gebeten werde, dafür zu beten, dass bei einer Hochzeit die Sonne scheinen soll, dann versuche ich mein Glück. Wenn der Himmel sehr grau und verhangen ist, schaue ich, ob irgendwo ein kleines »Loch« ist, das heißt, eine kleine Stelle, an der der blaue, klare Himmel durchscheint. Ich konzentriere mich dann auf dieses »Loch« und stelle mir dabei vor, wie es immer größer wird, wie die Wolken sich verziehen und die Sonne durchkommt. Meistens gelingt das dann auch halbwegs.

Heiliger Antonius,
bitte hilf!

Das Finden verlorener Gegenstände

In Bayern und in den Alpenländern weiß beinahe jedes Kind, wie verlorene Gegenstände gefunden werden können. Man ruft den heiligen Antonius um Hilfe an. Er gilt als der Schutzpatron der Schlampigen und Vergesslichen. Er wird auch gerne scherzhaft »Schlampertoni« genannt.

Die Anwendung ist sehr einfach: Während wir auf der Suche nach dem verlorenen Gegenstand sind, rufen wir in unserem Geist unablässig den Namen des heiligen Antonius und bitten den Heiligen um Hilfe. Der heilige Antonius von Padua war ein Gefährte des Franz von Assisi. Er wird meist in der Franziskanerkutte mit dem Jesuskind auf dem Arm und einer Lilie abgebildet. Antonius ist auch der Patron der Bäcker, Schweinehirten, Bergleute und Sozialarbeiter, bekannt ist insbesondere sein besonderer Schutz für die Armen.

Der verlorene Gegenstand wird – wenn wir den heiligen Antonius anrufen – dann ganz natürlich in unserem Blickfeld erscheinen. Es geschieht unverkrampft und wie von selbst. Wenn wir den Namen des Heiligen innerlich rezitieren, funktioniert das wie eine Telefonleitung. Sobald die Verbindung hergestellt ist, übernimmt sozusagen der Geist des Heiligen die Führung und lenkt unsere Schritte und unsere Augen, bis wir direkt vor dem verlorenen Gegenstand stehen und ihn sehen.

Am Anfang kann es womöglich noch etwas länger dauern, bis wir erfolgreich sind. Das liegt daran, dass wir selbst nicht ganz glauben, ein unsichtbarer Heiliger könne uns helfen. Sobald wir jedoch mehrmals die Erfahrung gemacht haben, wie das Fundstück an den unwahrscheinlichsten Orten auftaucht, wird unser Zutrauen zu diesem Heiligen wachsen. Sobald die Beziehung und das Verhältnis gut und tief sind, können wir uns auf die Hilfe des Antonius verlassen.

Ganz wichtig ist jedoch, sich bei Erfolg bei unserem Heiligen zu bedanken. Manche sagen, es wäre nötig, bei nächster Gelegenheit eine Kerze zu stiften oder etwas Geld zu spenden. Wir haben etwas erhalten und revanchieren uns, indem wir auch etwas geben. Die verlorenen Sachen sind ja oft sehr wertvoll. Man denke nur darüber nach, was es kostet, einen verlorenen Schlüsselbund zu ersetzen oder gar einen Geldbeutel inklusive Ausweis, Führerschein und Kreditkarte! Wir brauchen uns allerdings den Heiligen nicht wie einen gewöhnlichen Menschen vorzustellen, der sich beleidigt von uns abwendet, wenn wir vergessen, uns zu bedanken oder etwas zurückzugeben. Aber das Mindeste, was der Anstand erfordert, ist doch, dass wir wenigstens innerlich »Danke« sagen, wenn wir um etwas gebeten und dieses auch bekommen haben. Das gilt nicht nur für unsere zwischenmenschlichen Beziehungen, sondern natürlich auch für unseren Schutzpatron.

Ein weiterer Grund, warum wir etwas geben sollen, ist, um uns von unserem Geiz zu befreien. Wir leben in einer Gesellschaft, in der uns unentwegt eingeflüstert wird, dass wir Vorteile haben, wenn wir geizig sind. In Wirklichkeit ist genau das Gegenteil der Fall: Je mehr Geiz wir in uns tragen, desto ärmer fühlen wir uns. Die Indianer kennen in ihrer alten Kultur das »give-away«. Wenn jemand ein Fest feiert, dann lässt er sich nicht beschenken, sondern macht all seinen Gästen großzügig Geschenke. Wir können den Geiz auch besänftigen, indem wir den Wesen, denen wir begegnen, gute Wünsche senden. Setzen Sie sich einfach mal in ein Café betrachten Sie die Menschen und schenken Sie ihnen in Gedanken gute Wünsche. Beobachten Sie, wie Ihnen zu jedem Menschen etwas einfällt. Und beobachten Sie, wie ihr eigenes Gemüt sich dabei mit Freude und dem Gefühl inneren Reichtums anfüllt.

»Im Namen Gottes«

Unser lieber Herr Jesus Christ

hat viele Beulen und Wunden gehabt
und keine verbunden.
Sie gären nicht, sie beschweren nicht,
es gibt auch kein Eiter nicht.
Thomas war blind, sprach ich,
das göttliche Kind.
So wahr die heiligen fünf Wunden sind
geschlagen, sie gerinnen nicht,
gejähren und geschwären nicht
und es gibt auch kein Eiter nicht.
Daraus nehme ich Wasser und Blut,
das ist für alle Wunden und Schäden gut.
Heilig ist der Mann, der alle Schäden und
Wunden heilen kann.

Im Namen Gottes,
der heiligsten Dreifaltigkeit.
Da hilft Gott Vater, Gott Sohn,
Gott Heiliger Geist.

Amen.

Gebet, um Schmerzen zu lindern

Das Gebet wird drei Mal wiederholt. Wenn eine Wunde zu behandeln ist, wird nach jeder Wiederholung drei Mal über die Wunde geblasen. Im Anschluss daran beten wir drei Mal das »Vaterunser« für die Menschen, an die sonst keiner denkt. Das Gebet kann auch auf einem Zettel als Amulett bei sich getragen werden, es hilft dann als Schutz bei Lebensgefahr und übler Nachrede. Das Gebet enthält Worte, die zunächst nicht sofort verständlich erscheinen. Gejähren bedeutet, dass die Wunden oder Verletzungen, auch seelischer Art, nicht alt werden sollen, dass sie nicht »in die Jahre kommen«. Geschwären heißt, dass sich keine Geschwüre bilden sollen. Eine gärige Wunde ist eine infektiöse, eiternde Wunde.

Wir nehmen mit diesem Gebet Bezug auf Jesus und wie er gestorben ist. Wir gehen davon aus, dass die

Folterung und Hinrichtung unseres Religionsstifters nicht vergeblich gewesen sein sollen. Wir binden unseren Geist an seinen Geist an und übergeben ihm die Heilung von Wunden und die Linderung von Schmerzen. Er ist der heilige Mann, der alle Schäden und Wunden heilen kann.

Wenn wir dieses Gebet sprechen, können wir uns vorstellen, wie aus den Händen, Füßen und aus dem Herz von Jesus, also aus den fünf Wundmalen, heilsame wunderbare Strahlen kommen. Und wir stellen uns vor, wie diese Strahlen die Schmerzen oder Wunden des Patienten so verwandeln, dass sie eben nicht »gären«, sondern stattdessen heilen. Wenn wir über die Wunden blasen, erkennen wir im eigenen Atem den Geist des Windes, der den Schmerz mit sich davonträgt.

»Im Namen Gottes«

Frisch ist die Wunde,
heilsam ist die Stunde.
Heilsam ist der Tag, an dem
Jesus Christus geboren ward.

Da hilft Gott Vater, Gott Sohn,
Gott Heiliger Geist.

Amen.

Gebet bei frischen Wunden und seelischen Verletzungen

Das Gebet wird drei Mal gesprochen und es wird drei Mal über die Wunde geblasen. Zum Schluss beten wir noch drei Mal das »Vaterunser« oder ein anderes Gebet unserer Wahl.

Dieses Gebet erinnert mich an die Lehren meiner buddhistischen Lehrer, die vom Gesetz von Ursache und Wirkung, dem Gesetz von Karma sprechen. Sinngemäß verfolgen sie folgende These: »Immer, wenn uns etwas Unangenehmes passiert, dann ist es die Folge einer von uns selbst zu verantwortenden Ursache. Wenn wir ehrlich zu uns selbst sind, können wir oft die Ursache ausfindig machen. Wenn wir in diesem Leben die Ursache nicht erkennen können, so liegt die Ursache in einer früheren Existenz. Stark vereinfacht gesagt: Wenn wir verachtet werden, dann hat es vielleicht etwas damit zu tun, dass wir selbst andere verachtet haben. Das Gute und Heilsame an diesem Gesetz ist jedoch, dass in dem Moment, in dem das Resultat sich zeigt, auch die Ursache gänzlich beseitigt ist. Das bedeutet auch: Wenn uns jemand verachtet, dann ist durch diese unangenehme Erfahrung auch unser Karma vollständig gereinigt. Wir können die Verachtung mit diesem Verständnis vielleicht besser ertragen und annehmen. Im günstigsten Fall können wir daraus lernen, anderen Menschen niemals Verachtung entgegenzubringen, weil wir selbst erdulden mussten, wie sich das anfühlt.« Das Gesetz von Ursache und Wirkung ist nicht leicht zu verstehen, es ist überaus komplex und es ist nicht Gegenstand dieses Buches. Und doch sehe ich in diesem kleinen Gebet eine gewisse Übereinstimmung mit diesem kosmischen Gesetz. Wir haben uns verletzt: »Heilsam ist die Stunde, heilsam ist der Tag ...«, in der uns die Verletzung passiert ist. Manchmal können wir den Zusammenhang direkt und sofort erkennen. Wenn wir voller Ärger, Wut und Hass sind, dann passiert es leicht, dass wir unachtsam sind und uns selbst verletzen. Folgende Geschichte versinnbildlicht das. Als Kind habe ich einmal wutentbrannt ein Glas aus dem Fenster geworfen. Kurz darauf rannte ich barfuß in den Garten, tappte in die Scherbe und holte mir eine Schnittwunde. Den Zusammenhang zwischen meiner unkontrollierten Wut, den Scherben und meiner Schnittwunde habe ich mir seit damals gut gemerkt. Wenn wir diesen Gedanken integriert haben, wenden wir uns wieder an unseren Beschützer, Jesus: Heilsam ist der Tag, an dem Jesus Christus geboren ward.

Ich möchte an dieser Stelle noch einmal betonen: Es handelt sich bei diesen Gebeten immer um Erste-Hilfe-Maßnahmen im geistigen Bereich. Selbstverständlich versorgen wir eine Wunde entsprechend den Regeln der Wundversorgung und wir gehen auch zum Arzt.

»Im Namen Gottes«

In Jesu Garten sind drei Rosen:
Christus, Christus Jesus, Christus Jesus Blut.
Durch diese drei Rosen stille
(Name einsetzen) das Blut.

Im Namen Gottes,
des Vaters, des Sohnes,
und des Heiligen Geistes.

Amen.

Gebet, um Blut zu stillen

Das Gebet wird drei Mal wiederholt. Im Anschluss beten wir fünf Vaterunser zu den heiligen fünf Wundmalen von Jesus und ein Vaterunser für diejenigen, an die sonst niemand denkt.
Danach nimmt man von der betroffenen Person fünf Tropfen Blut und gibt sie auf ein Stück Watte. Wenn man eine Fernheilung praktiziert, nimmt man von sich selbst fünf Tropfen Blut. Man bläst dreimal über das Blut und wickelt es mit Bindfaden in ein kleines Stofftuch. Beim Verknoten macht man drei Knoten im Namen des Vaters, des Sohnes und des Heiligen Geistes. Man trägt dieses Stück Stoff drei Tage lang am bloßen Leib und verbrennt oder vergräbt es anschließend.
In unserer Vorstellung sehen wir Jesus in seinem Garten, es könnte der Garten im Paradies sein. Dort wachsen ganz besondere, heilkräftige Rosen,

die seinen Namen tragen. Wir wenden uns an Jesus in seiner Eigenschaft als Mensch, der selbst viel bluten musste.

Zu den heiligen fünf Wundmalen zu beten bedeutet, dass wir während der Gebete die Vorstellung in uns wachrufen, dass aus den Wunden von Jesus, besonders aus seinem Herzen, heilsame Strahlen ausgehen und dass diese Strahlen den Patienten und dessen Wunden berühren.

In der christlichen Theologie heißt es sogar, dass Jesus durch seine Hinrichtung und sein eigenes Leid das Leiden aller Menschen in der Vergangenheit und in der Zukunft auf sich genommen hat. Das ist in gewisser Weise paradox, denn es war ihm ja nicht möglich, das Leid, die Krankheiten und den Kummer von uns allen zu beseitigen. Wenn es ihm gelungen wäre, gäbe es kein Leid mehr auf der Welt und das ist offensichtlich nicht der Fall. Ich glaube, dass mit dieser paradoxen Glaubensvorstellung eigentlich die innere Einstellung von Jesus gemeint ist. Es ist die Einstellung, die Motivation, alles nur erdenklich Mögliche zu tun und auf sich zu nehmen, um die Menschen zu befreien, selbst wenn es das eigene Leben kosten sollte. Diese Einstellung ist für uns gewöhnliche Menschen nur schwer nachzuvollziehen und doch ist es das höchste Ideal. Wenn wir also zu den fünf Wunden Jesu beten, bewegen wir unseren eigenen Geist einen kleinen Schritt weit in dieselbe Richtung, in Richtung höchstes Ideal.

Wenn es tatsächlich möglich wäre, das Leid der ganzen Welt auf sich zu nehmen und damit auszulöschen, hätte sich mit Sicherheit schon jemand dazu bereit erklärt. Die großen Heiligen des Christentums wie etwa Franz von Assisi oder Elisabeth von Thüringen hätten sicher keinen Moment gezögert, dies zu tun. Auch bei den Buddhisten oder den Moslems hat es immer wieder vollständig selbstlose Menschen gegeben. Vom Buddha selbst heißt es, er hätte seinen Körper in einem seiner früheren Leben sogar einer Löwenmutter zum Fraß angeboten, weil sein Mitgefühl mit den hungernden Löwenkindern so groß war. Wenn wir davon ausgehen, dass Jesus während seines Sterbeprozesses voller Mitgefühl war, für uns, für seine Freunde und Verwandten und auch für seine Feinde, dann ist es gut. Vielleicht ist es noch besser, uns Jesus nicht als gefolterte und misshandelte Figur vorzustellen, sondern uns Jesus nach dem Tod und nach der Auferstehung vor Augen zu führen, als Lichtgestalt. Die Wunden sind verheilt und von dort, wo die Narben sein sollten, geht eine besondere Kraft aus, eine sanfte heilende Strahlung. Von dieser Kraft profitieren wir mit unserem Gebet.

Im Jahr 1983 durfte ich einmal an einer ganz besonderen indianischen Zeremonie teilnehmen. »Flesh-offering« nannten es die Medizinmänner, also Fleischopfer. Es waren damals erstmals indianische Medizinleute und spirituelle Führungskräfte aus

Nord- und Südamerika zusammengekommen, um gemeinsam etwas für den Weltfrieden zu tun. Zum Glück für mich fand das Treffen ganz in meiner Nähe in Königsdorf statt und ich konnte während des gesamten 14-tägigen Treffens dabei sein. Das »Fleshoffering« war ein sehr umfangreiches Ritual, das mehrere Stunden dauerte. Das wesentliche Element war die Bereitschaft der Teilnehmer, ein kleines Stückchen Fleisch von sich selbst zu opfern. Die Indianer sagten: »Außer unserem Körper besitzen wir nichts wirklich, so lange wir leben. Unser menschlicher Körper ist das kostbarste Gut, was wir haben. Deshalb geben wir von ihm etwas ab, um die Aufrichtigkeit unserer Absichten und unserer guten Wünsche zum Ausdruck zu bringen.«
Das ist die Auffassung, um die es auch bei diesem Gebet geht. Diese Einstellung kommt auch zum Ausdruck, wenn wir von uns selbst fünf Tropfen Blut nehmen sollen, um für jemanden zu beten, der eine schwere Verletzung hat. Am besten drückt man dabei die Fingerkuppe des Zeigefingers zusammen und fügt sich mit einer Nadel selbst eine winzig kleine Wunde zu. Die Fingerkuppe ist besonders stark durchblutet und es ist wirklich kein großes Opfer, hier fünf Blutstropfen herauszuquetschen. Es geht um die Einstellung, um die geistige Qualität und nicht um die Anzahl der Blutstropfen!

»Im Namen Gottes«

Vor dem Brot hungerst und stirbst Du nicht.
Beim Wasser leidest Du keinen Durst
und beim Feuer verbrennst Du nicht.

Da hilft Gott Vater, Gott Sohn,
Gott Heiliger Geist.

Amen.

Gebet bei Suchterkrankungen

Das Gebet wird drei Mal gesprochen und dabei wird jedes Mal in den Mund des Kranken geblasen. Wenn wir das Gebet für uns selbst anwenden, können wir uns natürlich nicht in den eigenen Mund blasen. In diesem Fall nehmen wir stattdessen drei tiefe Atemzüge und geben unser Anliegen dem Heiligen Geist oder dem Geist des Windes mit, verbunden mit der Bitte, uns zu helfen.

Alle Süchte beinhalten das zwanghafte, unwiderstehliche Verlangen nach schädigenden Substanzen oder Verhaltensweisen und das vergebliche Suchen der Seele oder des Geistes nach etwas Verlorenem. Das Gebet will uns sagen, dass wir versorgt sind, dass alles vorhanden ist, um unsere Bedürfnisse zu befriedigen. Wir können aufhören, zu viel zu trinken (Alkoholsucht) oder zu essen (gestörtes Essverhalten) oder noch mehr Kleider und Möbel zu kaufen (Konsumsucht). Das Gebet vermittelt uns Zufriedenheit und drängt Gier und Unersättlichkeit zurück.

Wenn wir eine Sucht bekämpfen wollen, sollten wir auch unser wichtigstes Gebet verwenden. Wir können zum Beispiel jede Zigarette »im Namen Gottes« anzünden. Wenn wir das wirklich tun, bevor wir anfangen zu rauchen, werden wir beobachten können, wie das Verlangen immer geringer wird. Wenn wir dazu neigen, zu viel zu essen, so können wir uns angewöhnen, jede Mahlzeit oder besser noch jeden Bissen »im Namen Gottes« zu tun. Dazu müssen wir jedoch Disziplin und Entschlossenheit und darauf aufbauend Gewöhnung entwickeln. Die Kombination dieser Eigenschaften mit der Zuflucht zum Göttlichen kann unseren Heilungsprozess auf jeden Fall sehr fördern.

»Im Namen Gottes«

Herzgespann geh davon,
geh aus den Rippen,
wie Jesus aus den Krippen stieg.

Im Namen Gottes,
des Vaters, des Sohnes
und des Heiligen Geistes.

Amen.

Gebet bei Herzerkrankungen

Dieses Gebet wird drei Mal gesprochen. Im Anschluss daran werden fünf »Vaterunser« gebetet zur Heiligen Dreifaltigkeit. Zur Heiligen Dreifaltigkeit beten bedeutet, im Geist das Vertrauen zu entwickeln zu einem gnädigen und gerechten väterlichen Gott, zu einem barmherzigen Befreier, dem Sohn, und zum Heiligen Geist, der Weisheit.

Es soll drei Wochen hintereinander jeweils am Freitag gebetet werden bei abnehmendem Mond. Diese Anweisung ist leider nicht ganz logisch, weil es keine drei aufeinanderfolgenden Freitage bei abnehmendem Mond gibt, ich gebe sie dennoch so wieder. Wir werden den Termin so wählen, dass die 14 Tage des abnehmenden Mondes in unserem Gebetszyklus enthalten sind. Wie bereits erwähnt, nutzen wir die Zeit des abnehmenden Mondes, um die Kraft des Verschwindens zu mobilisieren. Unsere Vorstellung ist dabei, dass die Krankheit immer weniger wird, wie der Mond am Himmel. Wir geben die Krankheit sozusagen dem Mond mit.

Das Herzgebet war eines der ersten, das ich von Georg Lory übertragen bekam. Es hilft nicht nur bei Herzerkrankungen aller Art, sondern nach meiner Erfahrung auch bei seelischen Nöten, die sich ja ebenso auf das Herz legen. Bei Angsterkrankungen beginnt das Herz wie wild zu schlagen. Bei Traurigkeit und Depression fühlt sich das Herz schwer wie ein Stein und wund an.

Die Vorstellung, dass die Verspannung des Herzens nach einer Weile vorübergeht, so wie Jesus als Kind aus der Krippe herauskletterte, ist heilsam. Wenn das Vertrauen zu Jesus bereits angewachsen ist, dann wird uns dieses kleine Gebet ganz gewiss Erleichterung verschaffen. Wenn das Vertrauen noch sehr gering ist, so kann es uns helfen, dieses Vertrauen allmählich zu vergrößern. Ein Heiler, der selbst bereits tiefes Vertrauen in die heilsamen Kräfte des Geistes hat, kann durch sein Vorbild sehr dazu beitragen, dass wir selbst auch unser Vertrauen immer weiter entwickeln. Vertrauen und Glaube sind im Zusammenhang mit Gebetsheilung identische Geistesverfassungen, die wir uns nach und nach aneignen. Die Energie fließt dorthin, wo wir unsere Aufmerksamkeit hinlenken.

»IM NAMEN GOTTES«

Im Namen von
(hier den Namen der erkrankten Person einfügen)
säe ich aus diesen Samen.
Die siebenundsiebzig Fieber und Fieberinnen
müssen dich meiden, bis du kommst
und schneidest diesen Samen.

Im Namen Gottes, da hilft Gott Vater,
Gott Sohn und Gott Heiliger Geist.

AMEN.

Gebet bei Fieber

Das Gebet wird drei Mal wiederholt. Wir gehen abends beim Gebetläuten mit einer Handvoll Salz – ohne angesprochen zu werden – zu einem fließenden Wasser und »säen« drei Mal das Salz in den Fluss, während wir jeweils sagen: »Da hilft Gott Vater, Gott Sohn und Gott Heiliger Geist.« Am Ende beten wir ein »Vaterunser« für diejenigen, an die sonst keiner denkt.

Das Gebetläuten war für mich als Kind eine wichtige Zeitangabe. Angelusläuten oder Engelläuten nannte es meine Mutter. Wenn die Kirchenglocken ertönten, musste ich mich von meinen Spielkameraden verabschieden und nach Hause kommen. Beim Angelusläuten beginnt die Dämmerung, die Zeit des Übergangs vom Tag zur Nacht und damit die Zeit besonderer Heilkraft. Eine inzwischen längst verstorbene Abbeterin war bekannt dafür, dass sie oft zur Zeit der Dämmerung hinab zu einer bestimmten Stelle am Bach ging. Sie wollte dabei nicht angesprochen werden. Es heißt, wenn man sie angesprochen hätte, so hätte sie zurückgehen und den Weg von vorne beginnen müssen. Man stelle sich vor, wie viel Geduld diese Abbeterin aufbringen hätte müssen, wenn sie fünf Mal angesprochen worden wäre! Offenbar war die Tätigkeit der Abbeterin im Dorf geschätzt und man ließ sie in Ruhe, wenn sie abends zum Bach ging. Während wir zu einem Platz an einem Bach oder an einem Fluss gehen, stimmen wir uns bereits ein auf das kleine Ritual. Die Konzentration soll dabei selbstverständlich nicht durch belanglose Gespräche unterbrochen werden.

Wir nehmen unsere ausführlich vorher beschriebene innere Haltung zu den höheren Kräften ein und beten dann im Namen der erkrankten, fiebrigen Person. In den alten Zeiten, aus denen die Gebete stammen, sind Kinder oft an Fieber gestorben. Ich erinnere mich noch gut an die Angst meiner Mutter, wenn eines von uns Kindern an hohem Fieber litt. Damals gab man nicht so schnell ein fiebersenkendes Medikament und der Arzt wurde erst geholt, wenn man sich selbst wirklich überhaupt nicht mehr zu helfen wusste. Die siebenundsiebzig Fieber und Fieberinnen, die im Gebet vorkommen, stehen wahrscheinlich sinnbildlich für die unzähligen möglichen Ursachen des Fiebers. Bei diesem

Gebet stelle ich mir vor, wie mit dem Salz als Symbol für Erde und für langes Leben die Lebenskraft des Betroffenen gestärkt wird. Es ist wie ein Same, den man in die Erde legt, damit er wächst und gedeiht und dem betroffenen Menschen eines Tages eine reiche Ernte beschert, wenn er selbst die Früchte dieses Samens ernten wird. Ich versuche dann, mir die Lebenskraft des Betroffenen wie einen Baum vorzustellen, vor dem die Fiebergeister zurückweichen.

Ich erinnere mich gut daran, wie mein ältester Sohn als Baby erschreckend hohes Fieber hatte, das sich trotz Fieberzäpfchen und Wadenwickel bedenklich über die 40-Grad-Marke hinausbewegte und keinerlei Behandlung half. Meine Mutter sagte: »Jetzt musst du aber unbedingt den Lory anrufen!« Ich tat es und hoffte auf seine Hilfe. Das Fieber stieg noch ein wenig an, aber sank dann innerhalb von ein oder zwei Stunden auf ein »normales Maß« und mein Sohn war bald wieder ganz gesund.

»Im Namen Gottes«

Rosmarin und Dill,
Gürtelrose stehe still.
Und wirst du nicht größer,
so musst du vergehn
und im Namen Jesu
musst du gestehn.

Im Namen Gottes,
des Vaters, des Sohnes
und des Heiligen Geistes.

Amen.

Gebet bei Hauterkrankungen

Wir beten das Gebet drei Mal und blasen jedes Mal über die erkrankte Hautstelle. Im Anschluss beten wir noch drei Mal das »Vaterunser«.

Im Nachlass des Georg Lory ist vermerkt, dass man dem Kranken ein Gebet zum heiligen Antonius aufgeben soll, das er in einer stillen Stunde betet.

Kürzlich wurde ich in einem Seminar gefragt, warum ausgerechnet der heilige Antonius hier erwähnt wird. Ich glaube, der heilige Antonius wird deshalb erwähnt, weil er so bekannt ist und weil viele Menschen mit Gebeten zum heiligen Antonius bereits gute Erfahrungen sammeln konnten und damit Vertrauen entwickelt haben. In der Regel betet man ein Vaterunser und bittet zusätzlich den heiligen Antonius mit eigenen Worten um Hilfe. Das gilt selbstverständlich auch dann, wenn man für sich selbst um Linderung oder Heilung einer Hautkrankheit betet.

In diesem Gebet wird die Gürtelrose stellvertretend für alle Hauterkrankungen genannt. Das Gebet ist sehr alt und stammt aus der Sammlung des Lory, die dieser im Lauf der Zeit zusammengetragen hat. Wir müssen daran denken, dass die differenzierte Diagnose einer Hauterkrankung nicht Angelegenheit des geistigen Heilers oder der Heilerin ist. Das ist Sache der Ärzte und der modernen Medizin. Wir beten einfach und unterstützen damit den Heilungsprozess.

Das Interessante an diesem Gebet ist, dass wir direkt mit der Krankheit wie mit einem Wesen sprechen. Wir fordern die Krankheit sozusagen dazu auf, dass sie sich vor Jesus selbst rechtfertigen muss, wenn sie nicht vergehen will. Wir stellen uns vor, dass die »Rose«, wie Hauterkrankungen früher auch genannt wurden, sich daraufhin zurückzieht. Vor Kurzem hat mir eine Altenpflegerin berichtet, dass sie mit diesem Gebet einen hartnäckigen Ausschlag bei einer ihrer Patientinnen erfolgreich behandeln konnte. Ich hatte vor einiger Zeit ebenfalls einen Fall, wo sich dann herausstellte, dass die Hauterkrankung, unter der der Patient bereits mehrere Jahre litt, fälschlicherweise als Neurodermitis und damit als unheilbar diagnostiziert wurde. Der Patient hatte schon die Hoffnung aufgegeben. Es stellte sich jedoch bei einer erneuten Untersuchung durch einen anderen Arzt heraus, dass es sich um eine Pilzinfektion handelte. Nach der Behandlung mit einer passenden Salbe blieb dann der Ausschlag verschwunden. Natürlich kann in einem solchen Fall der Heilerfolg nicht direkt und ausschließlich auf das Gebet zurückgeführt werden. Indirekt wurde der junge Mann zuerst zu mir und dann durch eine Reihe von Zufällen zu einem anderen Arzt und damit zu der neuen Diagnose und Behandlung hingelenkt. Wir dürfen auch nicht unterschätzen, was es bedeutet, wenn jemand von einer Autoritätsperson, wie es ein Arzt nun einmal ist, erfährt, er hätte eine »unheilbare« Krankheit! Die Geschichte ist jedenfalls ein schönes Beispiel für eine gelungene Kooperation zwischen Schulmedizin, die wirksame Salben gegen Pilzerkrankungen hervorgebracht hat, und Gebetsheilung.

»Im Namen Gottes«

Warzen, die kreiden,
kannst du net leiden.
Vergeh, vergeh, vergeh,
tu nimmer mir weh.

Im Namen Gottes,
des Vaters, des Sohnes
und des Heiligen Geistes.

Amen.

Gebet, um Warzen zu nehmen

Bei abnehmendem Mond bestreichen wir die Warzen mit weißer Schneiderkreide, sprechen über jede Warze das Gebet drei Mal, machen zum Schluss mit Weihwasser ein Kreuz auf die Warze und blasen darüber. Die Prozedur wird für jede Warze gesondert vorgenommen. Am Ende beten wir drei »Vaterunser«. Wenn wir die Anwendung nicht für uns selbst machen, beten wir die drei »Vaterunser« gemeinsam mit dem Patienten oder der Patientin.

Dieses Gebet stammt von einer österreichischen Abbeterin und ist über ein paar Umwege zu mir gekommen. Wenn wir keine Schneiderkreide besorgen können, verwenden wir gewöhnliche Tafelkreide.

Vom Lory stammt noch ein weiteres Gebet, um Warzen abzuwenden:

Im Namen Gottes!
Frene, Frene, Doro weg!
Im Namen Gottes!

Auch hier wird jede Warze drei Mal besprochen, mit einem Kreuz aus Weihwasser versehen und am Ende wird darüber geblasen.

Das Wort »Doro« bezieht sich auf die Form von Warzen, die Dornwarzen genannt werden, weil sie wie ein Dorn sehr tief ins Fleisch eindringen. Das Wort »Frene« erinnert ein wenig an Fron, wie Fronleichnam oder Frondienst. Das mittelhochdeutsche »Vron« bedeutet: was den Herrn betrifft, ihm gehört. Während wir die Warzen besprechen, stellen wir uns vor, wie sie immer kleiner werden und schließlich verschwinden. Die Einstellung ist dabei liebevoll. Wir hassen nichts und niemanden, auch keine Warzen. Wenn unser Patient voller Wut auf die Warzen ist, was verständlich ist, denn schließlich ärgern sie ihn nicht wenig, versuchen wir, ihm diese Einstellung ebenfalls mitzugeben.

Es gibt noch eine dritte Anwendung, die ich von einer bayrischen Heilerin vom Staffelsee bekommen habe. Sie ist ebenfalls wirkungsvoll.

An einem Freitagabend bei abnehmendem Mond nimmt man einen Heftfaden (Baumwollfaden) und macht in den Faden so viele Knoten, wie man Warzen hat und zusätzlich noch einen Knoten mehr. Wenn man also vier Warzen hat, macht man fünf

Knoten in den Faden. Während man die Knoten in den Faden zieht, zählt man die Anzahl der Warzen in rückwärtiger Reihenfolge. Also: 4 – 3 – 2 – 1 – 0. Dann geht man hinaus und vergräbt den Faden unter einer Dachtraufe. Wenn das Vergraben unter der Dachtraufe nicht möglich ist, wählt man einen anderen feuchten Ort, an dem der Faden schnell verrotten kann, zum Beispiel einen Komposthaufen. Es könnte sein, dass das Verschwinden der Warzen damit zu tun hat, wie lange es dauert, bis der Faden vollständig verrottet ist.

Bei dieser Anwendung müssen wir uns meist ein wenig in Geduld üben. Manchmal dauert es mehrere Monate, bis die Warzen vergangen sind, manchmal sind es nur ein paar Wochen. Möglicherweise hat es etwas damit zu tun, wie lange die Warzen schon vorhanden waren. Es scheint, dass alte Warzen länger brauchen, bis sie vergehen. Versuchen Sie es!

Das ursprüngliche, aramäische Vaterunser

Abwûn d'bwaschmâja
Nethkâdasch schmach
Têtê malkuthach
Nehwê tzevjânach aikâna
d'bwaschmâja af b'arha
Hawvlân lachma d'sûnkanân jaomâna
Waschboklân chaubên (wachtahên)
aikâna daf chnân schvoken l'chaijabên
Wela tachlân l'nesjuna ela
patzân min bischa
Metol dilachie malkutha wahaila
wateschbuchta l'ahlâm almîn.

AMEN.

Hier der Versuch einer vollständigen
Neuübersetzung des aramäischen Vaterunsers
durch Neil Douglas-Klotz:

O Gebärer(in)! Vater-Mutter des Kosmos,
Bündele Dein Licht in uns – mache es nützlich:
Erschaffe Dein Reich der Einheit jetzt.
Dein eines Verlangen wirkt dann in unserem –
wie in allem Licht, so in allen Formen.
Gewähre uns täglich, was wir an Brot
und Einsicht brauchen.
Löse die Stränge der Fehler, die uns binden,
wie wir loslassen, was uns bindet an
die Schuld anderer.
Lass oberflächliche Dinge uns nicht irreführen,
sondern befreie uns von dem, was uns zurückhält.
Aus Dir kommt der allwirksame Wille,
die lebendige Kraft zu handeln, das Lied,
das alles verschönert und sich von
Zeitalter zu Zeitalter erneuert.
Wahrhaftig – Lebenskraft diesen Aussagen!
Mögen sie der Boden sein, aus dem alle meine
Handlungen erwachsen.

AMEN.

© 1992 Droemersche Verlagsanstalt Th. Knaur Nachf.
GmbH & Co. KG, München

In der Sammlung des Georg Lory findet sich häufig die Anweisung, im Anschluss an die alten Heilgebete noch eines oder mehrere Vaterunser zu beten. Das Vaterunser kennt im christlichen Kulturraum jedes Kind. Wenn wir das Vaterunser rezitieren, ist uns in der Regel nicht bewusst, dass wir es mit einer Übersetzung zu tun haben, die womöglich unvollständig und von einseitigen Vorstellungen geprägt ist. Dem Forscher Neil Douglas-Klotz zufolge liegt das vor allem daran, dass lange Zeit die griechische Übersetzung des Neuen Testaments als die maßgebliche galt. Das Griechische transportiert aber – verglichen mit dem Aramäischen, der ursprünglichen Sprache Jesu – eine ganz andere Mentalität, ein anderes Bewusstsein. So könnte man zum Beispiel zu der Annahme gelangen, Gott wäre ein männliches Wesen, da er Vater genannt wird. Das aramäische Wort abwuun, das Martin Luther mit »Vater« übersetzt hat, bedeutet jedoch viel mehr. Der väterliche Aspekt ist zwar in der Wortwurzel »ab« enthalten, wie wir es von »abba« (Vater) kennen. Die aramäische Sprache ist reich an Vieldeutigkeit und das, was sie meint, enthüllt sie durch den Ton, die Betonung. Wenn Abwuun weich ausgesprochen wird, ähnelt es dem Wort »awuun«, das bedeutet »Mutter«. Es heißt dann nicht nur Mutter im Sinne der leiblichen, persönlichen Mutter, sondern auch im Sinne von Mutter Erde, im Sinne von Gebärerin von allem, was ist. Abwuun ist auch das Wort für die spirituelle Herkunft, den geistigen Samen und für das Potenzial, das in uns ruht. Darüber hinaus ist Abwuun ein Kosename, der im Aramäischen für alle möglichen, lieb gewonnenen Familienangehörigen verwendet wurde. Abwuun ist also auch ein Wort für den geliebten Sohn und die geliebte Tochter, für die nette Tante und für die freundliche Cousine. Im Deutschen gibt es kein vergleichbares Wort, am ehesten vielleicht noch »Schatz« oder »Liebes«. Die Tatsache, dass Abwuun mit »Vater« übersetzt wurde, hatte zur Folge, dass sich die patriarchalische Vorstellung von Gott über zwei Jahrtausende hinweg weiter verfestigt hat. So wie ich Jesus verstehe, trotz allem, was uns an christlichem Dogma aufgedrängt wurde, wollte Jesus aber gerade auch die patriarchalischen Strukturen seiner Zeit reformieren. Auch deswegen wurde er ja verfolgt und von den damaligen Machthabern beseitigt.

Dem zweiten Wort »d`bwaschmaja« erging es in der Übersetzung ähnlich: d`bwaschmaja ist nicht ein irgendwo abgetrennter Himmel, in dem Gott Vater wohnt und auf uns herabblickt. Die Wurzel des Wortes, das »schm«, deutet auf »das, was im Raum aufsteigt und leuchtet«. Damit ist die gesamte Ausstrahlung und Atmosphäre eines jeden Lebewesens gemeint, der Name, der Klang. Für Neil Douglas Klotz weist das Wort darauf hin, dass durch den Klang des Namens und seine Atmosphäre das gesamte Universum »ist«. Namen wurden deshalb in der alten Zeit mit Bedacht gewählt. Der Name »Abwuun«, der im zweiten Vers des Vaterunser ausdrücklich als heilig bezeichnet wird, kann verstanden werden in jenem mystischen Sinn, der auch im Johannes-Evangelium erscheint. »Am Anfang war das Wort …« und aus dem Wort, aus dem Klang von Worten und aus der Benennung und damit Sinngebung ist das gesamte Universum entstanden, alles, was ist. Auch der Himmel ist nicht anderswo, nicht erst nach dem Tod zu erreichen, sondern überall dort, wo durch den Klang des heiligen Namens eine himmlische und familiär vertrauensvolle Atmosphäre entsteht. Der Himmel ist also hier! Sobald wir ihn zu gestalten wissen, ist das Paradies in uns und um uns herum.
Später ist von Brot »lachma« die Rede. Im Aramäischen bedeutet »lachma« nicht nur Nahrung, sondern auch Einsicht, Erkenntnis. Wie schade, dass in

unserem deutschen Vaterunser nur der materielle Aspekt hervorgehoben wird und der geistige Anteil »vergessen« wurde.

Noch deutlicher wird der Reichtum der aramäischen Sprache, wenn wir uns dem Teil des Gebets zuwenden, wo es um Vergebung, um Schuld und um Schuldgefühle geht. Das Wort »chauben« für »Schuld oder Vergehen« kann auch »verborgene Vergangenheit« oder »heimliche Schuld« bedeuten. Im Deutschen benutzen wir das Wort »Schuldgefühl«, ohne es in der Bedeutung klar abzugrenzen von Schuld.

Wir brauchen uns nur selbst in unserem Alltag zu beobachten: Wie einfach ist es doch, wenn wir einen anderen, einen Schuldigen gefunden haben! Sei es, warum der Abfall immer noch nicht rausgetragen wurde, sei es, warum unsere Liebesbeziehung nicht mehr glücklich ist! Wenn wir die Schuld auf jemanden schieben können, dann sind wir scheinbar zunächst einmal erleichtert. Das Thema Schuld und Schuldgefühl ist eine so tiefgehende und für unsere Gesundheit wichtige Sache, dass ich sie hier zumindest andeuten möchte. Es ist nicht das Gleiche, ob wir echte Reue nach einer schädlichen Handlung empfinden oder ob wir ein Schuldgefühl mit uns herumtragen. Reue beinhaltet das Eingeständnis – zunächst vor sich selbst –, dass wir etwas getan haben, was uns selbst oder anderen Schaden zufügt. Mit diesem Eingeständnis und der Einstellung, dass wir unsere Handlung bereuen, erzeugen wir die Absicht, dasselbe Verhalten nicht mehr zu wiederholen. Das ist letztlich und tatsächlich sehr heilsam. Das Schuldgefühl jedoch erzeugt in uns die Überzeugung, dass wir zutiefst schlechte und böse Menschen sind. Wenn wir diese Anschauung über uns selbst verinnerlichen und uns damit identifizieren, so halten wir es auf eine krankhafte Weise fest und können es nicht loslassen. In gewisser Weise sind wir in unserer abendländisch christlichen Kultur sogar seit Jahrhunderten geprägt davon, Schuldgefühle als »ewigwährend« und als wesenhaft zu uns gehörig zu empfinden. Wir sind, wenn wir katholisch sind, sogar mit einer »Erbschuld« geboren. Schuldgefühl ist jedoch keine angemessene Reaktion auf eine negative Handlung und es wird uns nicht sonderlich hilfreich dabei sein, unser Verhalten für die Zukunft zum Besseren hin zu verändern. Im Gegenteil, Schuldgefühl und die damit einhergehende Identifikation als »schlechter Mensch für immer« verleitet uns dazu, die Schuld lieber jemand anderem zuzuschieben. Wenn wir unsere Gesellschaft beobachten, so geschieht das pausenlos. In der Politik ebenso wie im Berufsalltag und in den persönlichen Beziehungen. Dagegen können echtes Bedauern und ehrliches Eingestehen uns dabei helfen, unseren Charakter zu formen, unseren Geist zu zähmen und unsere Handlungen auf das Positive auszurichten. Wenn jemand zugibt,

etwas Negatives getan zu haben und die Konsequenz auf sich nimmt, welche innerliche Körperhaltung nimmt dieser Mensch dann an? Geht er gebückt oder aufrecht?
Wie wunderbar wäre demzufolge eine Welt, in der wir wirklich lernen dürften, miteinander und mit uns selbst so klar und aufrecht umzugehen. Das aramäische Wort für vergeben »waschboklan« kann auch übersetzt werden mit »Rückkehr zum ursprünglichen Zustand«, »gegenseitiges Aufnehmen« oder – für Buddhisten besonders interessant – »umarmen in Leere«. Und das Wort für »Versuchung« (l'nisiona) meint in der ursprünglichen Bedeutung »innere Unruhe, von unserer eigentlichen Lebensaufgabe abgelenkt werden.« Also es ist nicht wirklich von einem Vater die Rede, der uns zuerst vorsätzlich in Versuchung führt, um uns anschließend verdammen zu können – oder auch zu retten, je nachdem. Ich kann leider in diesem Rahmen nicht alle Verse gleichermaßen ausführlich behandeln, obwohl das Material dazu vorliegt.
Vor Kurzem verwirklichte sich für meinen Partner und mich der lang gehegte Wunsch, das »Vaterunser« in der aramäischen Originalsprache Jesu kennenzulernen. Das Gebet in Aramäisch zu sprechen oder besser noch zu singen, erzeugt eine ganz besonders schöne Stimmung. Wenn Sie Gebetsheilung wirklich auf einer tieferen Ebene verstehen möchten, kann ich Ihnen nur empfehlen, es uns gleich zu

tun und diese zunächst sehr fremd anmutenden Worte zu lernen. Die Vorstellung ist faszinierend, wieder aufleben zu lassen, wie Jesus sein berühmtestes Gebet ausgesprochen hat. Dass die Bedeutung weitaus tiefer reicht, als wir bisher wussten, ist für uns eine grenzenlose Bereicherung. Der Klang des Aramäischen ist zudem von außergewöhnlicher Schönheit und bewegt den Geist im Innersten.

Buchtipp:
Neil Douglas-Klotz:
Das Vaterunser – Meditationen und Körperübungen
zum kosmischen Jesusgebet, München 2007.

CD-Tipp:
Rocco Errico:
Das aramäische Vaterunser zum Selbstlernen, Frankfurt 2006.

Dank

Manchmal glaubte ich tatsächlich, dass ich dieses Buch ganz allein geschrieben hätte. Das wäre jedoch gelogen. Denn es fängt schon damit an, dass ich ganz gewiss kein Buch geschrieben hätte, wenn mir nicht jemand das Lesen und das Schreiben beigebracht hätte. Wenn die Augustinermönche auf dem Hohenpeißenberg keine Schule errichtet hätten, wer weiß, ob es ein Haus gegeben hätte, in dem der Unterricht hätte stattfinden können. Wer hat die Schulbücher geplant, geschrieben, gedruckt? Wer hat die Druckmaschine erfunden, gebaut und weiterentwickelt? Wer hat die Steine des Hauses aufeinander gelegt, in dem die Druckmaschine stand? Ich stoße an die Grenze meiner mathematischen Fähigkeiten, wenn ich darüber nachdenke, wer alles daran mitgewirkt hat, dass ich gelernt habe, diese 26 Grundbuchstaben und drei Umlaute so durcheinanderzuwürfeln, dass andere Menschen einen möglichen Sinn daraus entnehmen können. Bei ganz genauer Betrachtung müssen es unzählige Wesen gewesen sein.

Deshalb gilt mein Dank in erster Linie all denen, die hier nicht eigens erwähnt sind und die alle so wunderbar am Entstehen dieses Buches mitgearbeitet haben, ohne jemals auch nur einen einzigen Gedanken daran zu verschwenden, dass ihnen ganz viel Dank gebührt!

Einigen jedoch möchte ich gerne namentlich danken:

Zuerst natürlich dem Georg Lory selbst dafür, dass er Zutrauen in mich setzte und mir die Grundlagen der Gebetsheilung auf leicht verständliche Weise übertragen hat.
Seiner Tochter Sieglinde dafür, dass sie mir den geistigen Nachlass ihres Vaters übergeben hat und mich ermutigte, dieses Erbe fortzuführen.
Meinem Onkel und meiner Tante für etliche Hinweise und für die Übertragung von Gebeten und Ritualen.
Meinem Vater und meiner Mutter dafür, dass sie so ein gutes Beispiel sind, wenn es darum geht, ein wirklicher Christ zu sein, nicht nur dem Namen nach.
Meinem Partner Roland für die Beschäftigung mit dem Manuskript und die unermüdliche Geduld beim Zuhören und für die zahlreichen inspirierenden Gedanken und Gespräche zum Thema bei unseren Wanderungen und bei unseren gemeinsamen Gemüsemahlzeiten, die er gekocht und immer wieder so vorzüglich gewürzt hat.
Meinen Kindern Anke, Johannes, Vincent, Oliver und Jakob für die geistige Unterstützung, da sie offenbar niemals auch nur im Keim daran zweifelten, dass »die Mama das schon schafft«. Und dafür, dass sie sich so prächtig entwickelt haben, sodass ich mich nun getrost anderen Aufgaben als der Sorge um ihre Erziehung zuwenden kann!

Möge dieses Buch dazu beitragen, Leiden zu verringern und Freude und Glück zu vergrößern.